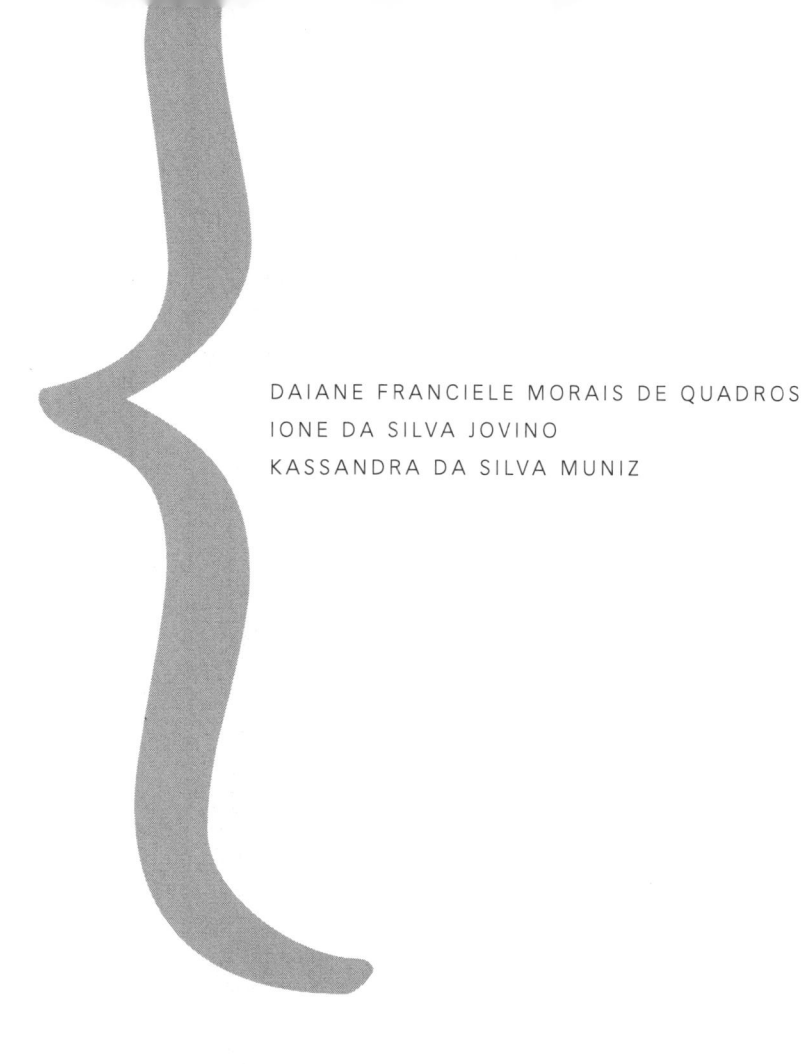

DAIANE FRANCIELE MORAIS DE QUADROS
IONE DA SILVA JOVINO
KASSANDRA DA SILVA MUNIZ

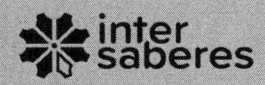

inter
saberes

SÉRIE LÍNGUA PORTUGUESA EM FOCO

Introdução à análise do discurso:

perspectivas teórico-práticas

inter saberes

Rua Clara Vendramin, 58 • Mossunguê • CEP 81200-170 • Curitiba • PR • Brasil
Fone: (41) 2106-4170 • www.intersaberes.com • editora@intersaberes.com

Dr. Alexandre Coutinho Pagliarini; Dr.ª Elena Godoy; Dr. Neri dos Santos e Dr. Ulf Gregor Baranow • conselho editorial

Lindsay Azambuja • editora-chefe

Ariadne Nunes Wenger • gerente editorial

Daniela Viroli Pereira Pinto • Assistente editorial

Fabrícia E. de Souza • prepaparação de originais

Fabia Mariela De Biasi; Mycaelle Sales • edição de texto

Denis Kaio Tanaami • design de capa

Ingram • imagem de capa

Raphael Bernadelli • projeto gráfico

Andreia Rasmussen • diagramação

Débora Gipiela • equipe de *design*

Sandra Lopis da Silveira; Regina Claudia Cruz Prestes • iconografia

---

Dados Internacionais de Catalogação na Publicação (CIP)
(Câmara Brasileira do Livro, SP, Brasil)

Quadros, Daiane Franciele Morais de
Introdução à análise do discurso: perspectivas teórico-práticas/Daiane Franciele Morais de Quadros, Ione da Silva Jovino, Kassandra da Silva Muniz. Curitiba: InterSaberes, 2020. (Série Língua Portuguesa em Foco)

Bibliografia.
ISBN 978-65-5517-707-7

1. Análise do discurso 2. Linguística I. Jovino, Ione da Silva. II. Muniz, Kassandra da Silva. III. Título. IV. Série.

20-39654   CDD-401.41

Índices para catálogo sistemático:
1.Análise do discurso: Linguística 401.41

Cibele Maria Dias – Bibliotecária – CRB-8/9427

1ª edição, 2020
Foi feito o depósito legal.

Informamos que é de inteira responsabilidade das autoras a emissão de conceitos.

Nenhuma parte desta publicação poderá ser reproduzida por qualquer meio ou forma sem a prévia autorização da Editora InterSaberes.

A violação dos direitos autorais é crime estabelecido na Lei n. 9.610/1998 e punido pelo art. 184 do Código Penal.

sumário

apresentação, vii

como aproveitar ao máximo este livro, xii

um   O campo de emergência político e linguístico da análise do discurso (AD): o estabelecimento dos estudos do discurso no campo dos estudos da linguagem, 17

dois   Sujeito e sentido, a mútua constituição: a constituição dos sujeitos e dos sentidos em perspectiva discursiva, 51

três   Texto e discurso – discursividade, 85

quatro   Os gêneros do discurso e o campo da AD: os gêneros do discurso/texto como prática histórico-cultural, 123

cinco AD e a relação com o campo do ensino: as contribuições da AD para o trabalho com a linguagem, 163

seis Estudos do discurso: práticas e perspectivas contemporâneas, 205

considerações finais, 251

referências, 255

bibliografia comentada, 269

respostas, 275

sobre as autoras, 285

apresentação

❰ESTE LIVRO FOI elaborado na intenção de apresentar algumas visões sobre o campo de estudos da análise do discurso (AD). Alguns recortes foram escolhidos, como em qualquer obra, com o objetivo de fornecer elementos para que leitoras e leitores possam ter um panorama do campo e a possibilidade de reconhecer os principais estudiosos da área e suas contribuições para o estabelecimento desta.

Em texto de 1995, Maria do Rosario Valencise Gregolin apontava que a AD surgiu como campo de estudos na década de 1970. Segundo a autora, teria sido nessa época que a AD teria tomado força sem, contudo, ser constituída da forma como a conhecemos hoje, com ramificações, escolas e propostas teóricas mais bem delineadas. Todavia, o texto de Gregolin é importante para a área, pois se coloca como testemunha ocular do crescimento de um campo de estudos. A autora indica que, naquele momento, o desenvolvimento da AD significava "a passagem da Linguística da 'frase' para a Linguística do 'texto'. Essa mudança no objeto de análise provocou transformações na ideia classicamente aceita de que a 'fala' é individual, assistemática e, portanto, não passível de análise científica" (Gregolin, 1995, p. 13). Naquele momento, a maior preocupação da autora com relação ao campo da AD residia na definição do objeto de análise deste (que seria o texto) e na metodologia para abordar essa nova unidade de análise. Assim, neste livro, buscamos mostrar os avanços do campo, suas unidades de análise, texto e discurso, conforme a corrente teórica, e as principais confluências e divergências em seu estabelecimento e suas vertentes.

Para atender aos objetivos propostos, o livro está organizado em seis capítulos. O Capítulo 1 é uma seção temática introdutória aos estudos discursivos. Nele, retratamos um pouco do histórico do campo de emergência político e linguístico da AD, com a abordagem da consolidação dos estudos do discurso no campo dos estudos da linguagem. O objetivo principal é fazer com que o(a) leitor(a) seja capaz de situar a AD em relação às outras correntes dos estudos linguísticos. Para esse fim, além de analisarmos o contexto político e linguístico de surgimento da AD, também evidenciamos o que são os campos da enunciação e da pragmática e como essas vertentes teóricas contribuíram para e influenciaram a formação e o estabelecimento da AD como uma nova área dos estudos da linguagem. Por último, demonstramos o caminho trilhado pela AD até se estabelecer como tripé de sustentação.

No Capítulo 2, tratamos da constituição dos sujeitos e dos sentidos em uma perspectiva discursiva. Discorremos sobre noções de sujeito, sentido e interpretação, bem como sobre a relação entre sentido e ideologia. Por fim, apresentamos um pouco das noções de sujeito para algumas disciplinas afins da AD.

No Capítulo 3, estabelecemos diálogos entre a AD e o campo da linguística textual (LT). Analisamos os elementos *texto* e *discurso* e a temática da discursividade, de modo a aprofundarmos nossas discussões sobre os aspectos da língua e a historicidade da noção de texto. Também explicitamos questões sobre o sujeito e o discurso e as noções a eles correlatas ou deles derivadas, como interdiscursividade e intertextualidade, além da própria noção de texto e de discurso. Desse modo, o(a) leitor(a) pode cotejar as noções de discurso e de texto, privilegiando os pontos de encontro entre ambos.

O Capítulo 4 traz as relações de confluência e divergência entre os gêneros do discurso e os gêneros textuais. Destacamos as visões sobre gênero que norteiam este livro. Também apresentamos as relações entre texto/discurso e a questão da interação. Uma parte importante do capítulo é a discussão, embora breve, sobre as principais escolas dos estudos referentes ao texto e ao discurso, com o mapeamento das vertentes sobre os gêneros discursivos e suas proposições, por meio das investigações do linguista brasileiro Luiz Antônio Marcuschi. Passamos, ainda, por Dominique Maingueneau e sua perspectiva a respeito das duas condições primordiais do gênero: a condição comunicacional e o caráter estatutário. E examinamos as contribuições para o campo de estudo dos gêneros elaboradas por Carolyn Miller, com a discussão do gênero como artefato cultural e ação social, além dos estudos de Michael Alexander Halliday, com sua abordagem semiológica, que discute a configuração contextual do texto em seus aspectos discursivo e social. Explicamos as principais correntes teóricas sobre os estudos do gênero com base em John Swales e a discussão sobre comunidade discursiva. Buscamos, assim, relacionar gêneros textuais e gêneros do discurso a seus principais autores e escolas. Para finalizar, mostramos a centralidade do pensamento de Mikhail Bakhtin para o campo dos gêneros textuais/discursivos.

O Capítulo 5 deste livro é dedicado às questões relacionadas aos vínculos entre a AD e o trabalho com a linguagem na educação. Enfatizamos as contribuições da AD para o ensino de línguas, procurando deslindar como os conceitos da AD podem ser aplicados na formação e no desenvolvimento da compreensão leitora que envolva a leitura e a interpretação de textos, a leitura de mundo, de situações etc. Nesse capítulo, tratamos das possibilidades de articulação da materialidade histórica com a materialidade linguística, o que faz da AD uma disciplina de leitura e interpretação de textos.

Por fim, no Capítulo 6, retomamos as principais abordagens dos estudos do discurso. Há duas grandes ramificações dos estudos do discurso: a AD e a análise crítica do discurso (ACD), ou análise do discurso crítica (ADC). A primeira adota como ponto central as condições de produção e recepção textual e os efeitos de sentido, tratando da língua em processo histórico. A segunda entende a língua em uma perspectiva sócio-histórica, propondo um método para descrever, interpretar e explicar a linguagem no contexto sócio-histórico. Nesse contexto, também traçamos um panorama da AD em sua vertente crítica (ADC), com os autores proeminentes e respectivos marcos. Por ser um capítulo relacionado à pesquisa, evidenciamos como esse campo está atualmente localizado nas universidades e quais principais pesquisas estão sendo empreendidas. Temáticas, áreas afins, notadamente a pragmática pelo seu escopo de estudos, bem como dicas de pesquisa na área, estão aqui presentes. Como é um campo da AD que dialoga com as pesquisas das autoras deste livro, embasamo-nos na discussão do campo dos estudos étnico-raciais, área que inaugura a ADC com a publicação do linguista holandês Teun van Dijk sobre racismo e discurso. Finalizamos o capítulo, e o livro, com a abordagem sobre as relações entre a ADC e os direitos humanos. Com fundamento nas *Diretrizes Nacionais para a Educação em Direitos Humanos*, elencamos algumas pesquisas com referencial teórico da ADC que tratam de questões relativas a essa temática.

Desejamos uma boa leitura a todas e todos!

como aproveitar ao máximo este livro

Empregamos nesta obra recursos que visam enriquecer seu aprendizado, facilitar a compreensão dos conteúdos e tornar a leitura mais dinâmica. Conheça a seguir cada uma dessas ferramentas e saiba como elas estão distribuídas no decorrer deste livro para bem aproveitá-las.

Introdução do capítulo
Logo na abertura do capítulo, informamos os temas de estudo e os objetivos de aprendizagem que serão nele abrangidos, fazendo considerações preliminares sobre as temáticas em foco.

Síntese
Ao final de cada capítulo, relacionamos as principais informações nele abordadas a fim de que você avalie as conclusões a que chegou, confirmando-as ou redefinindo-as.

Atividades de autoavaliação

1. Analise as afirmativas a seguir e indique V para as verdadeiras e F para as falsas.
   ( ) A análise do discurso foi criada e institucionalizada como campo de pesquisa pelo filósofo Mikhail Bakhtin.
   ( ) O objeto de estudo da análise do discurso é o próprio discurso, e o da linguística, a língua/linguagem.
   ( ) Enunciado e enunciação têm o mesmo significado, apenas são nomes diferentes utilizados para nomear um único elemento.
   ( ) A enunciação é produto do enunciado.
   ( ) O enunciado é o texto verbalizado nas formas tanto oral quanto escrita, o qual contém o discurso, e a enunciação é o exato momento em que o enunciado é produzido.
   ( ) Para a pragmática, o elemento do contexto é essencial, pois se preocupa em compreender os efeitos dos atos de fala na mente do interlocutor (ouvinte, leitor).

   Agora, assinale a alternativa que apresenta a sequência correta:
   a. F, F, V, V, F, F.
   b. F, V, F, F, V, V.
   c. V, F, V, F, V, F.
   d. F, F, F, V, V, V.
   e. F, V, V, F, V, F.

2. Assinale a alternativa que identifica as três bases fundamentais para o surgimento da análise do discurso:
   a. Behaviorismo, filosofia, linguística.
   b. Gramática, psicologia, behaviorismo.

Atividades de aprendizagem

Questões para reflexão

1. Os estudos situados na linguística moderna foram bastante influenciados pelo campo da filosofia e originaram a área da filosofia da linguagem. Como você compreende que a filosofia pode ser aplicada em nossos atos de fala em situações comunicativas do dia a dia, por exemplo mensagens que trocamos por aplicativos de celular, conversas informais com família e amigos, palestras, formação escolar, aquilo que vemos e ouvimos na televisão, na internet etc.?

2. O campo da enunciação surgiu bem antes da análise do discurso emergir na segunda metade do século passado. Como você entende que a enunciação, hoje em parte, pode ser considerada por alguns estudiosos como uma área ligada ou até mesmo uma vertente da análise do discurso? Na prática, como os conceitos da enunciação são influenciados por e interagem com a análise do discurso?

Atividade aplicada: prática

1. Pesquise artigos de estudos situados no campo da AD publicados nos últimos anos. Escolha um desses trabalhos e faça um fichamento bibliográfico dele, contendo seus comentários a respeito dos tópicos abordados pelo estudo selecionado. Sugerimos como fonte de pesquisa os sites Scielo e Google Acadêmico.

Atividades de autoavaliação
Apresentamos estas questões objetivas para que você verifique o grau de assimilação dos conceitos examinados, motivando-se a progredir em seus estudos.

Atividades de aprendizagem
Aqui apresentamos questões que aproximam conhecimentos teóricos e práticos a fim de que você analise criticamente determinado assunto.

Indicações culturais
Para ampliar seu repertório, indicamos conteúdos de diferentes naturezas que ensejam a reflexão sobre os assuntos estudados e contribuem para seu processo de aprendizagem.

Bibliografia comentada
Nesta seção, comentamos algumas obras de referência para o estudo dos temas examinados ao longo do livro.

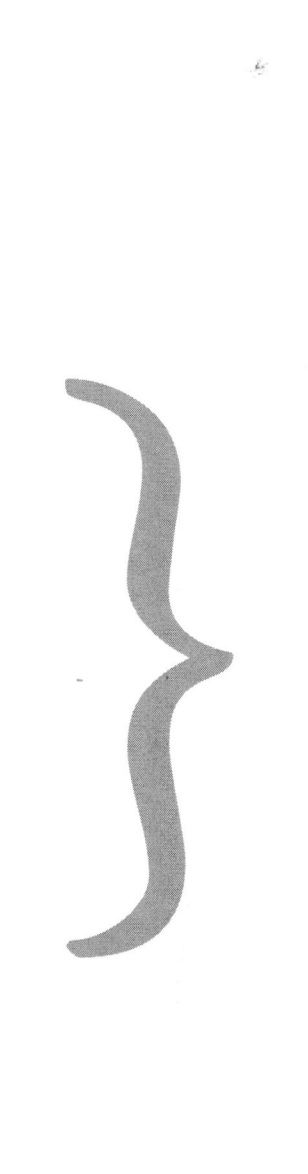

}

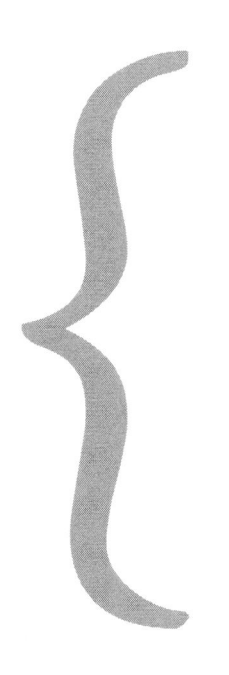

{

um O campo de emergência política e linguístico da análise do discurso (AD): o estabelecimento dos estudos do discurso no campo dos estudos da linguagem

dois   Sujeito e sentido, a mútua constituição: a constituição dos sujeitos e dos sentidos em perspectiva discursiva

três   Texto e discurso – discursividade

quatro   Os gêneros do discurso e o campo da AD: os gêneros do discurso/texto como prática histórico-cultural

cinco   AD e a relação com o campo do ensino: as contribuições da AD para o trabalho com a linguagem

seis   Estudos do discurso: práticas e perspectivas contemporâneas

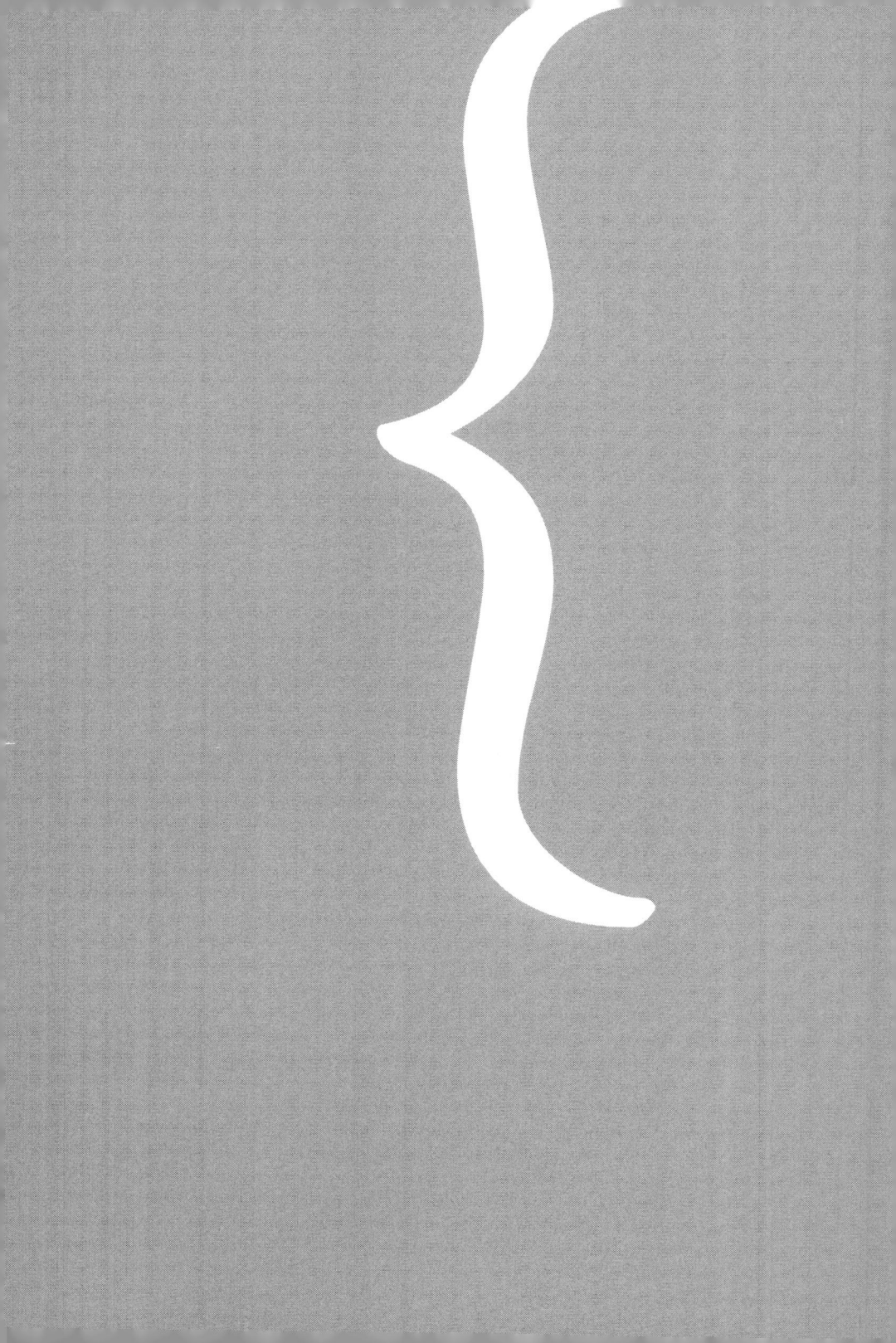

{

NESTE CAPÍTULO, APRESENTAREMOS o estabelecimento dos estudos do discurso no campo dos estudos da linguagem. Como conteúdos, estudaremos o contexto político e linguístico de surgimento da análise do discurso (AD); o que são os campos da enunciação e da pragmática; quais são seus vínculos com a AD; e a forma pela qual a AD estabeleceu-se como tripé de sustentação.

O principal propósito aqui é situar o campo da AD em relação às outras correntes dos estudos linguísticos. Faremos uma breve retomada dos aspectos que promoveram o surgimento desse novo campo epistemológico e político. Assim, situaremos os estudos enunciativos de Émile Benveniste, especialmente a noção de sujeito e correlatos, com vistas a cotejar com a perspectiva discursiva; mostraremos aspectos das investigações pragmáticas de John Austin, particularmente a noção de língua, também sob a ótica discursiva; e, por fim, abordaremos os campos de sustentação/

articulação da AD em suas principais vertentes. Com essa compreensão, buscaremos desenvolver uma visão panorâmica de como pode ser abrangente e diversificada a AD como campo de estudos.

umpontoum
O contexto político e linguístico de surgimento da AD

Antes de iniciarmos e aprofundarmos nossos estudos sobre AD, precisamos refletir sobre algo que os principais linguistas contemporâneos da área enfatizam, qual seja, a afirmação de que existem "muitas maneiras de se estudar linguagem: concentrando nossa atenção sobre a língua" (Orlandi, 2002, p. 15). Com base nessa ideia, configurou-se a área dos estudos da linguagem.

Quando mencionamos esse assunto, é provável que automaticamente você, leitor(a), pense na gramática normativa e/ou na linguística como maneiras de refletir sobre a língua, porque, para nós, tanto os termos *gramática* quanto *língua* podem apresentar sentidos muito diferentes. Por essa razão, Eni Pucinelli Orlandi*, uma das pioneiras da AD no Brasil, no livro *Análise de discurso: princípios e procedimentos* (2002), introduz que, em razão dessa

---

* Eni Pucinelli Orlandi é uma linguista brasileira, autora de diversos livros sobre análise do discurso, linguística, leitura, políticas linguísticas etc. Atualmente, atua como pesquisadora e docente na Universidade Estadual de Campinas. Foi a primeira pesquisadora na área dos estudos linguísticos que difundiu pelo Brasil, na década de 1980, a AD, com a publicação do livro *Linguagem e seu funcionamento* (1983).

multiplicidade de noções sobre a língua, "as gramáticas e a maneira de se estudar a língua são diferentes em diferentes épocas, em distintas tendências e em autores diversos" (Orlandi, 2002, p. 15).

Foi nesse contexto que os estudiosos passaram a se interessar pela linguagem de uma forma bastante peculiar. Dessa maneira, eles deram origem à AD como campo de pesquisa situado na área dos estudos da linguagem que não busca retratar a própria língua ou a gramática, embora esses itens lhe interessem. O campo da AD trata especificamente do *discurso*, palavra que "etimologicamente tem em si a ideia de curso, de percurso, de correr por, de movimento. O discurso é assim palavra em movimento, prática de linguagem: com o estudo do discurso observa-se o homem falando" (Orlandi, 2002, p. 15).

O termo *discurso* como um componente que forma parte da língua também é um elemento dinâmico, que o tempo todo é propenso a mudanças, (re)construção, pois é um item inerente à comunicação humana, que acompanha e se ajusta ao desenvolvimento do ser humano ao longo da história, porque se comunica desta maneira: (re)produzindo discursos por meio de enunciados.

Mas quando a AD emergiu como campo de pesquisa? Como foi o histórico desse processo? Na mesma obra já citada de Orlandi (2002) e também no livro *Por uma análise automática do discurso* (2010), organizado por Françoise Gadet e Tony Hak, tanto Gadet (2010) quanto Michel Pêcheux (2010)* descrevem, em seus textos, de forma sucinta, as origens da AD e o processo de formação como campo teórico que se apropria do discurso como objeto de estudo.

Orlandi (2002) não define uma data específica de surgimento da AD, mas ela menciona que esse campo tomou o discurso como objeto próprio no início da década de 1960. A autora reitera que, desde a Antiguidade, com os estudos retóricos, surgiram os estudos do texto em sua materialidade linguística. Ao apresentar seu relato em paralelo com a abordagem da AD, Orlandi (2002) salta na linha do tempo direto para o século XIX e descreve um caminho evolutivo percorrido pelos estudos linguísticos ao longo da história: a semântica histórica no século XIX. No início do século XX, entre as décadas de 1920 e 1930, havia os estudos dos formalistas russos, que já previam uma estrutura no texto e preanunciavam uma espécie de análise de conteúdo um pouco diferente da abordagem tradicional que conhecemos.

Gadet (2010) enfatiza que o contexto de surgimento da AD como campo de estudos constituiu-se a partir do surgimento de pesquisas acadêmicas ao longo dos anos, as quais se autossituavam no campo da AD. A autora considera esses trabalhos como uma espécie de "história recente", pois a AD, junto a essas pesquisas, emergiu como campo de estudos depois da segunda metade do

---

* O campo da AD foi criado pela linha de pensamento filosófico de Michel Pêcheux; inicialmente e até nos dias de hoje, a AD também é conhecida como *análise automática do discurso*. Alguns estudiosos da área utilizam muito esse termo, o qual também aparece em vários momentos do livro *Por uma análise automática do discurso* (2010).

século XX. Por essa razão, a AD pode ser considerada uma ciência bastante recente que é vinculada à área da linguagem.

A partir deste ponto, é necessário que você, leitor(a), assimile que, conforme vimos anteriormente neste capítulo, aproximadamente na década de 1960, quando a AD emergiu como espaço teórico, sua criação aconteceu em cima de três bases: **linguística, marxismo e psicanálise** (o vínculo desses três pilares com a AD será explicado mais adiante) (Orlandi, 2002). Esse fato gerou uma espécie de ruptura com as ideologias que norteavam a linguística do século XIX, e isso foi um verdadeiro divisor de águas para a formação da AD.

Segundo Pêcheux (2010), nas primeiras décadas de surgimento, entre 1960 e 1980, a AD inicialmente teve três gerações, classificadas pelo autor como: análise do discurso 1 (AD-1), análise do discurso 2 (AD-2) e análise do discurso 3 (AD-3). Agora, de forma sucinta, veremos quais foram os princípios teóricos de cada uma dessas fases durante as "origens" da AD e como esses conceitos foram amadurecendo em cada geração inicial da teoria.

Análise do discurso 1 (AD-1)

Pêcheux (2010) considera essa fase como a **exploração metodológica** da noção de máquina discursiva estrutural, pois, segundo o autor, nessa primeira época, a posição teórica das pesquisas em AD contemplava um processo de produção discursiva que era concebido "como uma máquina autodeterminada e fechada sobre si mesma, de tal modo que [...] os sujeitos acreditam que 'utilizam' seus discursos quando na verdade são seus 'servos' assujeitados" (Pêcheux, 2010, p. 307). Conforme a AD-1, uma língua natural constituiu a base que não varia sobre a qual se desdobra uma "multiplicidade heterogênea de processos discursivos justapostos" (Pêcheux, 2010, p. 307).

Análise do discurso 2 (AD-2)

É a fase "da justaposição dos processos discursivos à tematização de seu entrelaçamento desigual" (Pêcheux, 2010, p. 309), o qual foi resultado "de uma conversão (filosófica) do olhar pelo qual são as **relações entre** as 'máquinas' discursivas estruturais que se tornam objeto da AD" (Pêcheux, 2010, p. 309, grifo do original). Nessa geração, passou-se a pensar mais sobre os dispositivos de influência desigual sobre os outros, discurso e poder: em que medida o dispositivo das forças desiguais está interagindo com o exterior do sujeito? Com base nisso, a AD e a noção de formação discursiva passaram a ser influenciadas pela linha de pensamento de Michel Foucault*.

Análise do discurso 3 (AD-3)

Pêcheux (2010) explica que foi uma fase da AD demarcada pela **emergência de novos procedimentos** na área, por meio da desconstrução das maquinarias discursivas. O primeiro ponto de referência é o primado teórico do outro sobre si, o qual se acentua na AD e causa a crise da noção de máquina discursiva estrutural (Pêcheux, 2010). Nessa fase, há alguns desenvolvimentos

---

* Michel Foucault, francês, foi filósofo, psicólogo, escritor e professor universitário que viveu entre 1926 e 1984. Exerce grande influência sobre os intelectuais da contemporaneidade. Ficou bastante conhecido por criticar a psiquiatria e a psicanálise tradicionais. Era contra o sistema prisional tradicional, pois o considerava um instrumento de dominação.

teóricos que discutem sobre a heterogeneidade na enunciação, os quais propõem tematizar as formas linguístico-discursivas entre o discurso e o outro.

Ao percorrermos esse trajeto, visualizamos as três épocas descritas por Pêcheux que demarcaram o surgimento e o desenvolvimento teórico e metodológico da AD. Quando consideramos o parâmetro contemplado pela AD manifestado principalmente na terceira fase – que, com certeza, continua evoluindo até os dias de hoje –, entramos no requisito de pensar no sujeito em questões tanto externas quanto internas, nos mecanismos de funcionamento de discursos/enunciados etc. Tal parâmetro, de alguma maneira, sempre acompanhou a AD durante as três primeiras épocas descritas por Pêcheux. Tanto é que, quando isso começou a se intensificar na fase da AD-3, Pêcheux (2010) concluiu seu texto com inúmeras perguntas, algo que é incomum em textos acadêmicos. Mas é possível presumir que, a partir dessa nova concepção da AD, foi aberta uma grande porta para as futuras gerações de pesquisas, bem como que esses trabalhos tiveram, e têm, a função de responder a tais questionamentos.

Isso requer que também utilizemos outra(s) cosmovisão(ões), óculos para fazer a leitura de mundo e refletir sobre a linguagem, uma vez que essas questões, de interesse da AD, enquadraram-se em outros campos de pesquisa, as áreas da **enunciação** e da **pragmática**, as quais dialogam com a AD e, ao mesmo tempo, apresentam importantes contribuições conceituais, que estudaremos mais detalhadamente ainda neste capítulo.

umpontodois
O campo da enunciação

Provavelmente você, em algum momento de sua vida, mais especificamente durante sua trajetória escolar, já deve ter lido ou ouvido falar em *enunciado*, principalmente nas atividades e nas provas das disciplinas que formavam a matriz curricular da educação básica. Normalmente estava presente nas tarefas escolares: *Leia com bastante atenção o enunciado; calcule o que o enunciado pede; com base na afirmação presente no enunciado, discorra a respeito de...;* etc. Os professores eram muito criativos ao utilizarem esse termo em diferentes contextos na elaboração das provas bimestrais.

Aonde queremos chegar com as recordações do(a) leitor(a)? O que *enunciado* tem a ver com *enunciação*? São apenas palavras parecidas ou significam a mesma coisa?

Essas são algumas dúvidas que podem surgir. Por isso, é pertinente ressaltarmos que, embora o termo *enunciado* seja bastante familiar ao tema conteúdo da *enunciação*, não significam a mesma coisa, mas têm um elo bastante forte entre si. Neste tópico, vamos conferir como é impossível falar sobre enunciação sem mencionar o enunciado, uma vez que os enunciados, os discursos, não existem se não houver a enunciação.

Antes de apresentar as definições sobre o que são ambos os elementos, enunciado e enunciação, introduziremos brevemente o conceito de dialogismo bakhtiniano, para que você compreenda melhor o tema. As duas terminologias, *enunciado* e *enunciação*, são bastante presentes na filosofia da linguagem do filósofo e pensador russo Mikhail Bakhtin (que estudaremos mais profundamente no Capítulo 4 deste livro).

Em um dos mais recentes textos de Bakhtin traduzidos para o português no Brasil, "Diálogo I: a questão do discurso dialógico", do livro *Os gêneros do discurso* (2016), o filósofo explica a base do termo *dialogismo* como uma teoria que define aspectos relacionados à língua/linguagem, cujo ponto de partida, a base, são os diálogos que todos nós, como sujeitos, estabelecemos com o outro e como reagimos ao mundo exterior. Segundo a cosmovisão do dialogismo bakhtiniano,

> *falante e compreendedor jamais permanecem cada um em seu próprio mundo; ao contrário, encontram-se num novo, num terceiro mundo, no mundo dos contatos; dirigem-se um ao outro, entram em ativas relações dialógicas.* [...] *Na palavra do falante há sempre um elemento de apelo ao ouvinte, uma diretriz voltada para a sua resposta. Isto se manifesta com maior clareza no discurso dialógico.* (Bakhtin, 2016, p. 113)

Bakhtin (2016, p. 114) descreve o diálogo como algo que sempre envolve no mínimo dois sujeitos, "mais sujeitos interligados por relações dialógicas", que se conhecem, respondem um ao outro. Em tais diálogos, sempre há o envolvimento de enunciados*.

Com base nessa contextualização dialógica sobre a relação estabelecida entre enunciado e enunciação, agora cabe tecermos um complemento dessa definição de enunciado segundo as reflexões de outro filósofo ligado ao círculo de Bakhtin: Valentin Volóchinov. Vejamos.

Enunciado

No livro *Marxismo e filosofia da linguagem: problemas fundamentais do método sociológico na ciência da linguagem* (2017), de Valentin Volóchinov, encontramos uma definição bastante convincente sobre o conceito de enunciado, o qual pode ser considerado o produto da enunciação, pois qualquer enunciado monológico (o qual aparentemente não dialoga com outros tipos de enunciados) é um elemento que não se dissolve na comunicação discursiva. "Todo enunciado, mesmo que seja escrito e finalizado, responde a algo e orienta-se para uma resposta. Ele é apenas um elo na cadeia interrupta de discursos verbais" (Volóchinov, 2017, p. 184). É possível, então, inferir que os enunciados constituem textos verbais, escritos etc., os quais são portadores de discursos a serem

---

* Bakhtin (2016) também define o termo *enunciado* como sinônimo de *réplica*, pois, segundo o raciocínio do autor, os enunciados que produzimos em uma situação comunicativa rotineira são réplicas que o sujeito manifesta de seus pensamentos, como respostas ao outro, ao mundo exterior.

transmitidos para alguém ou um público-alvo; sempre envolvem um locutor e um interlocutor. Por isso, o conceito de enunciado/enunciação é bastante presente na AD de modo geral, porque expressa a ideia de que, em uma situação comunicativa, sempre são estabelecidos diálogos.

Enunciação

Para encontrarmos esse conceito, podemos recorrer à principal obra da teoria enunciativa proposta por Émile Benveniste: *Problemas de linguística geral* (PLG I) e *Problemas de linguística geral II* (PGL II). Essa fundamentação teórica tem fortes vínculos com a AD e contribuiu muito para sua construção como campo teórico.

Para os contemporâneos, diante da junção do campo da enunciação com a AD, é possível compreender que a teoria enunciativa influencia a formulação de conceitos na AD. Atualmente, o campo da enunciação, por meio de suas pesquisas acadêmicas, também propaga algumas ideias difundidas pela AD, e isso faz com que, em alguns aspectos, a enunciação forme uma espécie de vertente, uma nova versão de AD. No livro *PGL II*, Benveniste (1989, p. 82) alerta que é preciso ter cuidado com a "condição específica da enunciação" e estabelece que a enunciação "é o ato mesmo de produzir um enunciado, e não um texto do enunciado, [...]. Esse ato é o fato do locutor que mobiliza a língua por sua conta. A relação do locutor com a língua determina os caracteres linguísticos da enunciação".

Conforme o autor, a enunciação é o exato momento em que um enunciado é produzido, por isso este é o produto da enunciação, é uma situação de ação e reação, pois, depois "da enunciação, a língua é efetuada em uma instância de discurso, que emana de um locutor, forma sonora que atinge um ouvinte e que suscita outra enunciação de retorno" (Benveniste, 1989, p. 82-83). Portanto, se não houver a enunciação, a qual é o exato momento da produção do enunciado, não há discurso e tampouco enunciados.

Afinal de contas: O que é a teoria enunciativa? Mundialmente e no Brasil, existem muitas pesquisas acadêmicas situadas nos estudos da linguagem e campos interdisciplinares, que epistemologicamente se respaldam na teoria enunciativa de Benveniste e discutem seus conceitos. A leitura dos dois volumes de *Problemas de linguística geral* (1976; 1989), que descrevem a teoria enunciativa, não é muito simples nem de fácil compreensão.

Basicamente, em ambos os livros de Benveniste, é possível encontrar o conceito básico da teoria enunciativa: a noção de que ela determina que, nos diálogos, o locutor se apropria da língua e enuncia sua posição de locutor em algum contexto, e o ato individual da apropriação da língua introduz quem fala na sua própria voz (Benveniste, 1989). Aí está uma das principais contribuições da teoria enunciativa para a formação do campo da AD, e a teoria enunciativa desenvolve essa noção até os dias de hoje.

No livro de outro importante linguista da AD, *Cenas da enunciação* (2008), de Dominique Maingueneau, o autor ensina que o vínculo entre os discursos, automaticamente entre o campo da AD e a área da enunciação, reside no fato de que uma análise da "constituição" dos discursos constituintes — assim como o autor se refere, porque é observada a construção da estrutura discursiva — deveria dedicar-se a apresentar a articulação entre o intradiscursivo (ou seja, os elementos internos à estrutura discursiva) e o extradiscursivo (aquilo que é exterior ao discurso), isto é, a imbricação entre uma representação do mundo e a atividade enunciativa.

O que podemos assimilar dessa linha de raciocínio de Maingueneau (2008)? Os discursos representam o mundo, porém suas enunciações também são integrantes desse mundo, "elas são inseparáveis da maneira pela qual geram sua própria emergência, o acontecimento de fala que elas instituem" (Maingueneau, 2008, p. 40). De acordo com o autor, as formas enunciativas não são um simples vetor de ideias, mas representam a instituição no discurso da mesma maneira que o tempo molda e legitima o discurso.

É por isso que, para entender o que é a AD, em quais princípios básicos ela se constituiu, é necessário assimilar os conceitos de enunciação propagados pela teoria enunciativa de Benveniste e alguns aspectos relacionados à pragmática, à teoria dos atos de fala, de John Langshaw Austin, outro importante filósofo da linguagem, considerado um grande responsável pelo desenvolvimento de significativa parcela da atual categoria dos atos de discurso, que estudaremos a seguir.

umpontotrês
O campo da pragmática

Ao chegarmos neste ponto, provavelmente você pode questionar: O que é pragmática e teoria dos atos de fala? Como o campo da pragmática se relaciona com a AD? Com base nos resultados de recentes pesquisas acadêmicas publicadas no Brasil situadas no campo da pragmática, as quais refletem acerca dos principais conceitos da filosofia de John Austin, desenvolveremos algumas reflexões para responder a esses questionamentos.

Para início de conversa, quando se ouve pela primeira vez a palavra *pragmática*, é possível associá-la a uma característica de pessoas ou ações eficientes, práticas e simples, que não envolvem complicações. Tanto é que, em dicionários da língua portuguesa, existem verbetes com as definições de termos relacionados com *pragmática*, como *pragmático* e *pragmaticismo*, que expressam essa mesma ideia ligada à praticidade e à simplicidade.

Aonde queremos chegar com essa primeira impressão e essas ideias de senso comum?

A questão é que, apoiando-nos nesse conceito dicionarizado, talvez não encontremos a fluidez natural do significado ou da diversidade que envolve o campo da pragmática como um elemento ligado à filosofia da linguagem. A respeito desse assunto – a diversidade de significados da pragmática como herdeira da filosofia da linguagem –, os professores Ireno Antonio Berticelli e Daniela Paula Schiavini, no artigo "Significados da pragmática linguística na formação de leitores" (2013), argumentam que, se observarmos a pragmática linguística, percebemos que o desenvolvimento histórico do campo induziu as pessoas a se tornarem mais próximas à ambiguidade, à fluidez, à transparência ou à opacidade nos sentidos da linguagem. Portanto, a pragmática pode ser considerada como outro campo que se enquadra na área da linguística e que também tem suas raízes na filosofia, porque se preocupa com os sentidos que um enunciado/discurso pode assumir conforme o contexto de utilização da língua.

Orlandi (2002) também explica que a pragmática tem sido considerada de modo mais amplo e que, muitas vezes, tem incluído a argumentação, o discurso e a enunciação, as questões exteriores aos sujeitos, o fora, e não o interdiscurso. É nesse sentido mais simplificado que as noções de pragmática contribuem para a AD, porque aí entra a análise dos atos de fala.

Agora, vamos retomar a outra pergunta do começo deste tópico: O que é pragmática? Ou, melhor dizendo, o que é pragmática linguística?

De acordo com o artigo "A trajetória pragmática nos atos de fala", de Evandro Santana e Maria de Fátima Dutra (2014), a pragmática originou-se da filosofia da linguagem no final do século XIX, em um momento da história em que a filosofia passou por uma crise de identificação e começou a concentrar-se mais na área da linguagem. Os autores esclarecem que a pragmática primeiro teve suas origens na filosofia; por essa razão, John Austin, John Searle e H. P. Grice, filósofos ingleses, são os nomes mais importantes nessa área.

Porém, a identidade e as orientações do campo da pragmática estão mais concentradas no livro *Curso de linguística geral*, de Ferdinand de Saussure (Santana; Dutra, 2014). Os autores salientam que os conceitos mais importantes dessa área são alguns pontos que, por alguma negligência, são ordinários à filosofia da linguagem e à linguística, tais como:

- **Conceito de ato**: a função da linguagem não é só representar o mundo, mas também realizar ações, uma vez que falar é agir. "Em um sentido óbvio é agir sobre outrem. Em um sentido menos aparente, mas absolutamente real: é instaurar um sentido e é de todo modo, fazer 'ato de fala'" (Santana; Dutra, 2014, p. 3).
- **Conceito de texto**: conforme Santana e Dutra (2014), corresponde à situação na qual ocorrem os atos de fala e engloba: local, tempo, quem são os falantes etc., para que assim seja compreendido e avaliado o que é dito.
- **Conceito de desempenho**: nesse caso, os autores explicam que é atualizada a competência dos falantes, sendo integrado o exercício linguístico a uma noção mais compreensiva.

Como cada um desses conceitos da pragmática podem ser aplicados no nosso dia a dia? Imagine uma comum situação comunicativa entre duas ou mais pessoas, na qual você pode estar incluso. Um locutor precisa transmitir um aviso urgente (**conceito de ato**). Essa pessoa, que tem um comunicado importante, deverá ser o mais clara e objetiva possível, por isso terá de escolher os termos mais adequados àquele contexto (**conceito de texto**) e utilizar uma linguagem acessível a todos (**conceito de desempenho**) para que as pessoas a compreendam.

No momento da enunciação, cada um dos locutores poderá compreender os enunciados de formas diferentes e, assim, no discurso, diversos tipos de efeitos poderão ser causados, como: duplo sentido, compreensão literal do assunto ou, até mesmo, o que o locutor estiver tentando dizer poderá ser incompreendido.

Por essa razão, a teoria dos atos de fala, proposta por Austin, abre novos caminhos para a reflexão sobre o papel das práticas sociais na constituição de atos de falas completos, enfim, para a questão que envolve o sujeito que enuncia. Esse assunto sobre sujeito e discurso/enunciado será abordado de forma mais aprofundada no próximo capítulo deste livro.

A respeito da teoria dos atos de fala na pragmática, Dutra e Santana (2014), baseados na filosofia de Austin e Searle (outro filósofo que já mencionamos), ressaltam os cinco **atos ilocutórios** (atos nos quais o falante tem um objetivo comunicativo, como aconselhar, pedir, perguntar, prometer, avisar etc.), os quais, segundo a taxonomia de Austin e Searle, servem para classificar os atos linguísticos. De acordo com os autores, seriam estes os atos ilocutórios: assertivos, diretivos, comissivos, expressivos e declarativos. Vejamos.

- **Atos assertivos:** "consistem em comprometer o falante com a verdade da proposição expressa, de que algo seja efetivamente o caso" (Santana; Dutra, 2014, p. 6), por exemplo: lamentar-se; gabar-se; justificar-se etc.
- **Atos diretivos:** consistem em conseguir que o ouvinte faça alguma coisa, por exemplo: mandar, pedir, obrigar, rezar etc. (Santana; Dutra, 2014).

- **Atos comissivos:** têm o objetivo de fazer com que o falante se comprometa a realizar uma ação futura, como fazer uma promessa ou um juramento (Santana; Dutra, 2014).
- **Atos expressivos:** consistem em exprimir estado psicológico na condição da sinceridade sobre um estado de coisas estabelecido no conteúdo proposicional, por exemplo: agradecer, parabenizar, desculpar-se etc. (Santana; Dutra, 2014).
- **Atos declarativos:** Santana e Dutra (2014) explicam que, nesse tipo de ato, a realização de um dos membros precisa instaurar a correspondência desejada entre o conteúdo proposicional e a realidade, ou seja, fazer valer algo importante que foi dito. Os autores citam o exemplo do ato de declarar guerra, porque, quando um país declara guerra à outra nação, realmente a guerra está declarada. Esse ato demanda situações extralinguísticas para sua atualização, como assinar tratados e documentos de acordos, promover uma série de ações que cumpram a declaração do falante etc.

Observemos que os atos de fala teorizados por Austin e Searle retratam a categoria gramatical dos verbos e são classificados conforme a função comunicativa de cada um deles. Isto é, o que importa é o papel social desses atos de fala na comunicação. Portanto, todos os verbos, segundo a gramática normativa, literalmente são ações que o tempo todo promovemos por meio da fala, por isso, segundo a teoria dos atos de fala, falar é ao mesmo tempo agir e causar todos os tipos de modificações ao nosso redor.

Logo, é importante reiterar que, para o campo da pragmática, o contexto é algo essencial, porque esse campo busca entender como funciona a mente, talvez descreva até um pouco sobre o processo daquilo que o interlocutor ouviu ou leu, uma vez que a pragmática linguística se preocupa muito com a reação do ouvinte, do leitor, do interlocutor, do outro. É possível concluirmos que daí advêm as maiores contribuições da pragmática não só para a AD, mas também para as demais áreas dos estudos da linguagem, para o ensino de línguas tanto materna quanto estrangeiras, porque a pragmática linguística pode ser considerada como o campo do contexto e também da empatia.

umpontoquatro
O estabelecimento da AD: o tripé de sustentação

Até o momento, percorremos este trajeto de estudos sobre a AD relativamente aos campos da enunciação e da pragmática. Você possivelmente constatou, segundo a pesquisadora e professora Eni Orlandi, que o objeto de estudo da AD é o próprio discurso, logo, quando o estudamos, também analisamos as pessoas falando, pois a AD busca "compreender a língua fazendo sentido, enquanto trabalho simbólico, parte do trabalho social geral, constitutivo do homem e da sua história" (Orlandi, 2002, p. 15).

Na segunda seção temática deste capítulo, em que destacamos mais o aspecto histórico, as origens da AD, ressaltamos que a AD foi gerada por e apoia-se em três bases teóricas, ou seja, em um tripé: a linguística, o marxismo e a psicanálise

(Orlandi, 2002). A partir de agora, você vai entender de que maneira essas três bases teóricas interferem na consolidação da AD, quais foram suas principais contribuições para a origem e a construção desse campo de pesquisa. Vamos começar por partes, com a definição de cada aspecto desse tripé.

- **Linguística:** de acordo com Orlandi (2002), a AD embasa-se no princípio básico de que a linguística "constitui-se pela afirmação da não transparência da linguagem: ela tem seu objeto próprio, a língua, e esta tem sua ordem própria" (Orlandi, 2002, p. 19). Por esse motivo, a AD busca mostrar que a relação linguagem/pensamento/mundo não pode admitir apenas uma única leitura ou interpretação.
- **Marxismo:** conforme estudamos neste capítulo, os filósofos Michel Pêcheux, que institucionalizou a AD, Michel Foucault e Mikhail Bakhtin e seu círculo desenvolveram linhas de pensamento norteadas pela ideologia marxista. Nesse contexto, tais intelectuais eram adeptos à filosofia e à teoria de Karl Marx (a qual se opõe ao sistema capitalista e, em uma de suas pautas, aborda a luta de classes etc.). Portanto, esses filósofos que inspiraram os linguistas que, por sua vez, influenciaram a origem e a instituição da AD, de alguma maneira, retratam em seus trabalhos a filosofia marxista – quando discutem sobre conceitos de ideologias aplicados na linguagem, desigualdades nas relações de poder, língua e aspectos sociais, temas bastante comuns no universo da AD.

- **Psicanálise**: segundo Orlandi (2002), nos estudos discursivos não há separação entre forma e conteúdo, pois, por esse viés, busca-se compreender a língua sobretudo como um acontecimento. "Aí entra então a contribuição da Psicanálise, com o deslocamento da noção de homem para a de sujeito. Este, por sua vez, se constitui na relação com o simbólico, na história" (Orlandi, 2002, p. 19).

Portanto, com esse suporte de sustentação para a AD, é fundamental que você assimile alguns detalhes importantes sobre como a AD se aproxima e corresponde a cada uma dessas áreas.

- A língua tem ordem própria, porém só é "relativamente autônoma (distinguindo-se da Linguística, ela reintroduz a noção de sujeito e de situação na análise da linguagem)" (Orlandi, 2002, p. 19).
- "A história tem seu real afetado pelo simbólico" (os fatos requerem sentidos) (Orlandi, 2002, p. 19).
- Segundo Orlandi (2002, p. 20), "o sujeito da linguagem é descentrado, pois é afetado pelo real da língua e também pelo real da história, não tendo controle sobre o modo como elas o afetam. Isso redunda em dizer que o sujeito discursivo funciona pelo inconsciente e pela ideologia".

Por essa razão, Orlandi (2002) esclarece que a AD é considerada uma herdeira da linguística, do marxismo e da psicanálise, pois questiona a linguística pela historicidade, que ela não contempla; interroga o materialismo sobre o significado; contesta a psicanálise pelo modo que, visando à historicidade, trabalha a ideologia como algo materialmente relacionado ao inconsciente e que será absorvida por ele.

Orlandi (2002) alerta, também, que a concepção de língua como um sistema abstrato não faz parte do trabalho da AD, pois esta busca estudar a língua inserida no mundo, com as maneiras de significado, considerando a produção de sentidos como parte da vida humana, seja como sujeito individualizado, seja como membros de determinada sociedade. Ainda segundo a autora, para a AD o sujeito é "linguístico-histórico, construído pelo esquecimento e ideologia" (Orlandi, 2002, p. 91).

Apesar de a AD ser um campo de estudos bastante recente, assim como a linguística também é, visto que ambas emergiram como ciências da linguagem durante o século XX, isso não foi motivo para que a AD não se expandisse como campo de pesquisa entre os estudos linguísticos pelo mundo e criasse novas ramificações teóricas.

Logo, há quem sabiamente prefira referir-se ao campo da AD como *análises de discursos*, no plural, em razão da amplitude de abordagens e da diversidade de influências das múltiplas faces que caracterizam os estudos que constituem o campo da AD no Brasil e no mundo. Essa expressão pode ser encontrada no trabalho da professora Luciane de Paula, da Universidade Estadual Paulista (Unesp), no artigo "Círculo de Bakhtin: uma análise dialógica de discurso" (2013) e no livro *Círculo de Bakhtin: diálogos (in) possíveis* (2010), que a autora ajudou a organizar com a professora Grenissa Stafuzza, da Universidade Federal de Goiás (UFG). Para que você se situe e contemple essa noção da multiplicidade de faces que a AD pode assumir atualmente em suas vertentes, observe a representação da figura a seguir.

Figura 1.1 – AD e suas vertentes

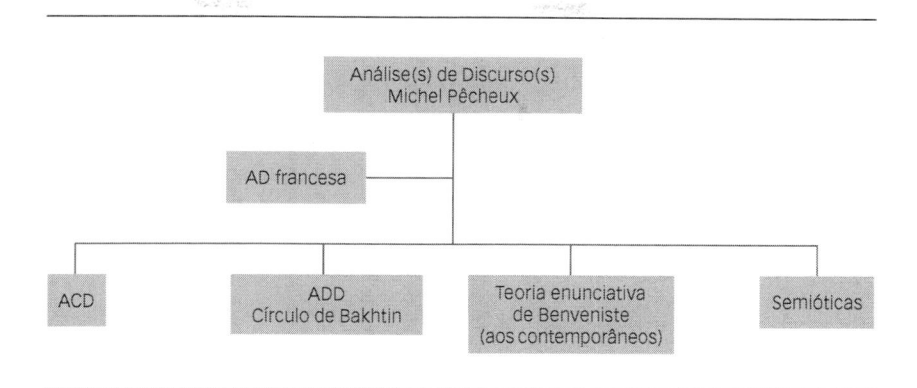

```
                    Análise(s) de Discurso(s)
                        Michel Pêcheux
                              |
            AD francesa ──────┤
                              |
      ┌───────────┬───────────┼─────────────────┬───────────┐
     ACD         ADD      Teoria enunciativa  Semióticas
              Círculo de   de Benveniste
               Bakhtin    (aos contemporâneos)
```

Esse esquema ilustra o raciocínio de Paula (2013), que pensa as ADs sob uma perspectiva que estabelece diálogos. A autora cita os frutos, as múltiplas faces que a AD, ou a antiga análise automática do discurso (por uma questão de nomenclatura), gerou e assumiu em consequência de sua difusão pelo mundo, que foram as vertentes: AD francesa; análise crítica do discurso (ACD)*; análise dialógica do discurso (ADD), que é do círculo de Bakhtin; teoria enunciativa de Benveniste (para os contemporâneos); semióticas (que originaram outras versões de semiótica, como estadunidense, inglesa, francesa e russa) (Stafuzza; Paula, 2010; Paula, 2013). No Capítulo 6, examinaremos algumas dessas principais vertentes da AD, suas características centrais, peculiaridades, diferenças e os diálogos estabelecidos entre si.

---

* A análise crítica do discurso (ACD) é uma ramificação da AD também conhecida como *estudos críticos do discurso* (ECD); o campo ainda apresenta algumas outras nomenclaturas.

Síntese

Após o percurso deste capítulo, acerca do estabelecimento dos estudos do discurso no campo dos estudos da linguagem, constatamos que existem, e sempre surgirão, múltiplas e diversificadas maneiras de estudar a língua/linguagem. Foi nesse contexto que despontou e se institucionalizou o campo da AD, desde a década de 1960, com base nos trabalhos do filósofo Michel Pêcheux.

Também abordamos a relação interdisciplinar bastante forte entre os campos da filosofia e da linguagem. Mais especificamente no final do século XIX, quando a filosofia passou por uma crise de identidade, começou a preocupar-se mais em refletir sobre a linguagem. Por essa razão, algumas áreas dos estudos da linguagem herdeiras da linguística, como a AD, a pragmática, os estudos da linguagem concentrados no círculo de Bakhtin etc., tiveram seu surgimento bastante influenciado pela filosofia. Além disso, sempre houve filósofos que inspiraram os linguistas dessas áreas e que, até os dias de hoje, são utilizados como referência.

No primeiro tópico, tratamos das origens da AD, que tem três bases: a linguística, o marxismo e a psicanálise. Cada um desses campos contribuiu com suas peculiaridades para a formação da AD. Salientamos que, no início do estabelecimento dessa área de pesquisa, ela passou por três fases importantes para que se desenvolvesse. Principalmente no período AD-3, intensificou-se a preocupação da AD com o sujeito, com questões tanto externas quanto internas deste, com os mecanismos de funcionamento de discursos/enunciados etc. Esses parâmetros também são objetos de estudos dos campos da enunciação e da pragmática, e, nesses pontos, a AD estabelece diálogos com tais áreas.

Enunciado e enunciação não carregam o mesmo conceito. *Enunciado* é o produto da enunciação, é o texto verbalizado tanto na forma oral quanto escrita, contém o discurso. *Enunciação* é o exato momento em que o enunciado é produzido, logo, se não houver enunciação, os enunciados não são produzidos.

Para a pragmática, o elemento do contexto é algo essencial, pois esse campo procura entender como funciona a mente e a reação do interlocutor/leitor diante dos enunciados e do outro. A partir daí advêm as maiores contribuições dessa área não só para a AD, mas também para as demais áreas dos estudos da linguagem, para o ensino de línguas tanto materna quanto estrangeira. Podemos considerar a pragmática como o campo do contexto e também da empatia.

É pertinente ressaltar que o objeto de pesquisa da AD é o próprio discurso, logo, quando o estudamos, também analisamos as pessoas falando, pois a AD busca compreender a língua fazendo sentido como parte do trabalho social geral, que constitui o ser humano e sua história.

O fato de a AD ser considerada uma ciência da linguagem bastante recente não impediu que se expandisse cada vez mais como campo de pesquisa na área da linguagem durante as últimas décadas, desde a sua origem. Surgiram novas ramificações na AD: as análises de discursos (ADs), as quais abrangem AD francesa, análise crítica do discurso (ACD); análise dialógica do discurso (ADD); teoria enunciativa de Benveniste (para os contemporâneos); semióticas (que originaram outras versões de semiótica: estadunidense, inglesa, francesa e russa).

Atividades de autoavaliação

1. Analise as afirmativas a seguir e indique V para as verdadeiras e F para as falsas.

   ( ) A análise do discurso foi criada e institucionalizada como campo de pesquisa pelo filósofo Mikhail Bakhtin.

   ( ) O objeto de estudo da análise do discurso é o próprio discurso, e o da linguística, a língua/linguagem.

   ( ) Enunciado e enunciação têm o mesmo significado, apenas são nomes diferentes utilizados para nomear um único elemento.

   ( ) A enunciação é produto do enunciado.

   ( ) Enunciado é o texto verbalizado nas formas tanto oral quanto escrita, o qual contém o discurso, e a enunciação é o exato momento em que o enunciado é produzido.

   ( ) Para a pragmática, o elemento do contexto é essencial, pois se preocupa em compreender os efeitos dos atos de fala na mente do interlocutor (ouvinte, leitor).

   Agora, assinale a alternativa que apresenta a sequência correta:
   a. F, F, V, V, F, F.
   b. F, V, F, F, V, V.
   c. V, F, V, F, V, F.
   d. F, F, F, V, V, V.
   e. F, V, V, F, V, F.

2. Assinale a alternativa que identifica as três bases fundamentais para o surgimento da análise do discurso:
   a. Behaviorismo, filosofia, linguística.
   b. Gramática, psicologia, behaviorismo.

c. Psicologia, linguística, marxismo.
d. Filosofia, psicologia, marxismo.
e. Linguística, marxismo, psicanálise.

3. Analise as afirmativas a seguir e indique V para as verdadeiras e F para as falsas.

( ) O campo da enunciação foi criado com base nos pensamentos filosóficos de John Austin.

( ) A teoria enunciativa é resultado da obra de dois volumes *Problemas de linguística geral*, do linguista francês Émile Benveniste.

( ) Os enunciados podem ser produzidos mesmo que não haja a enunciação.

( ) O enunciado é produto da enunciação.

( ) Para a teoria enunciativa, nos diálogos o locutor se apropria da língua e enuncia sua posição de locutor em algum contexto, e o ato individual da apropriação da língua introduz quem fala na sua própria voz.

( ) Segundo um dos livros de Dominique Maingueneau, os discursos representam o mundo, porém suas enunciações são uma forma integrante do discurso.

Agora, assinale a alternativa que apresenta a sequência correta:

a. F, V, F, V, V, V.
b. V, V, V, F, F, F.
c. F, V, F, F, V, V.
d. V, V, F, V, V, F.
e. F, V, F, V, V, F.

4. A respeito do campo da pragmática, não é correto afirmar:
a. A pragmática é uma área da linguística que surgiu na filosofia da linguagem. Apesar de seus fundamentos iniciais estarem pautados na filosofia, a grande maioria de seus conceitos segue a linguística, principalmente o livro *Curso de linguística geral*, de Saussure.
b. A pragmática preocupa-se com os sentidos que um enunciado/discurso pode assumir dependendo do contexto de utilização da língua.
c. A teoria dos atos de fala abrange três conceitos: de ato, de texto e de desempenho.
d. A teoria dos atos de fala, proposta por Austin, não promove reflexões sobre o papel das práticas sociais na constituição de atos de falas completos, tampouco para a questão que envolve o sujeito que a enuncia.
e. Conforme a taxonomia de Austin e Searle, a teoria dos atos de fala abrange cinco tipos de atos: assertivos, diretivos, comissivos, expressivos e declarativos, os quais servem para classificar nossas ações comunicativas.

5. Analise as afirmativas a seguir e indique V para as verdadeiras e F para as falsas.
( ) A análise do discurso foi institucionalizada pelo filósofo Michel Pêcheux na década de 1960.
( ) Estudar discursos também é estudar as pessoas falando.

(   ) A análise do discurso dialoga com os campos da enunciação e da pragmática, pois estuda os discursos presentes nos enunciados, preocupa-se, de certa forma, com o contexto de produção de ambos, com os efeitos de produções de sentidos que os discursos podem assumir.

(   ) O fato de a análise do discurso ser um campo de pesquisa com menos de um século a impossibilitou de originar outras ramificações, vertentes teóricas. Por enquanto, a análise do discurso é um único campo de pesquisa ainda bastante limitado e com tendência de se desenvolver somente no futuro.

(   ) A análise do discurso não pode ser considerada herdeira da linguística, da psicanálise e do marxismo ao mesmo tempo, pois, por mais que estes tenham contribuído para sua institucionalização, esses campos são de distintas áreas do conhecimento de humanas.

(   ) A análise do discurso francesa, a análise crítica do discurso, a análise dialógica do discurso, a teoria enunciativa de Benveniste e as semióticas são campos de estudos que não têm nenhum tipo de vínculo com a análise do discurso criada por Michel Pêcheux.

Agora, assinale a alternativa que apresenta a sequência correta:

a. F, F, F, V, V, V.
b. V, F, V, F, V, F.
c. V, V, V, F, F, F.
d. V, F, F, V, V, F.
e. F, F, F, V, F, V.

Atividades de aprendizagem

Questões para reflexão

1. Os estudos situados na linguística moderna foram bastante influenciados pelo campo da filosofia e originaram a área da filosofia da linguagem. Como você compreende que a filosofia pode ser aplicada em nossos atos de fala em situações comunicativas do dia a dia, por exemplo: mensagens que trocamos por aplicativos de celular, conversas informais com família e amigos, palestras, formação escolar, aquilo que vemos e ouvimos na televisão, na internet etc.?

2. O campo da enunciação surgiu bem antes de a análise do discurso emergir na segunda metade do século passado. Como você entende que a enunciação, hoje em parte, pode ser considerada por alguns estudiosos como uma área ligada ou até mesmo uma vertente da análise do discurso? Na prática, como os conceitos da enunciação são influenciados por e interagem com a análise do discurso?

Atividade aplicada: prática

1. Pesquise artigos de estudos situados no campo da AD publicados nos últimos anos. Escolha um desses trabalhos e faça um fichamento bibliográfico dele, contendo seus comentários a respeito dos tópicos abordados pelo estudo selecionado. Sugerimos como fonte de pesquisa os *sites* Scielo e Google Acadêmico.

A seguir, vejamos um exemplo de fichamento bibliográfico.

Modelo de fichamento bibliográfico

Referência bibliográfica:
JAPIASSU, Hilton F. O mito da neutralidade científica. Rio de Janeiro: Imago, 1975.

Corpo do texto e comentários:
O texto visa fornecer alguns elementos e instrumentos introdutórios a uma reflexão aprofundada e crítica sobre certos problemas epistemológicos (p. 15) e trata da questão da objetividade científica, dos pressupostos ideológicos da ciência, do caráter praxiológico das ciências humanas, dos fundamentos epistemológicos do cientificismo, da ética do conhecimento objetivo, do problema da cientificidade da epistemologia e do papel do educador da inteligência.

Embora se trate de capítulos autônomos, todos se inscrevem dentro de uma problemática fundamental: a das relações entre ciência objetiva e alguns de seus pressupostos.

O primeiro capítulo, "Objetividade científica e pressupostos axiológicos" (p. 17-47), coloca o problema da objetividade da ciência e levanta os principais pressupostos axiológicos que subjazem ao processo de constituição e de desenvolvimento das ciências humanas.

> No segundo capítulo, "Ciências humanas e praxiologia" (p. 49-70), é abordado o caráter intervencionista destas ciências: elas, nas suas condições concretas de realização, apresentam-se como técnicas de intervenção na realidade, participando ao mesmo tempo do descritivo e do normativo.
>
> No terceiro capítulo, "Fundamentos epistemológicos do cientificismo" (p. 71-96), o autor busca elucidar os fundamentos epistemológicos responsáveis pela atitude cientificista e mostra como o método experimental, racional e objetivo, apresentando-se como único instrumento particular da razão, assumiu um papel imperialista, a ponto de identificar-se com a própria razão.

FONTE: Severino, 2010, p. 76, citado por Francelin, 2016, p. 133-134.

Indicações culturais

BAKHTIN, M. **Os gêneros do discurso.** São Paulo: Editora 34, 2016.

Este livro é uma versão brasileira atualizada do livro A estética da criação verbal *(2013) e que contém dois textos inéditos no Brasil de Mikhail Bakhtin.*

MAINGUENEAU, D. **Novas perspectivas para os gêneros discursivos.** Palestra proferida na PUC-SP, 2014. Disponível em: <https://www.youtube.com/watch?v=mO_VHcPz16k&t=515s>. Acesso em: 24 jul. 2020.

Uma palestra muito esclarecedora que o professor doutor Dominique Maingueneau ministrou (em português) a respeito de novas perspectivas para os gêneros discursivos.

um   O campo de emergência político e linguístico da análise do discurso (AD): o estabelecimento dos estudos do discurso no campo dos estudos da linguagem

dois Sujeito e sentido, a mútua constituição: a constituição dos sujeitos e dos sentidos em perspectiva discursiva

três   Texto e discurso – discursividade

quatro   Os gêneros do discurso e o campo da AD: os gêneros do discurso/texto como prática histórico-cultural

cinco   AD e a relação com o campo do ensino: as contribuições da AD para o trabalho com a linguagem

seis   Estudos do discurso: práticas e perspectivas contemporâneas

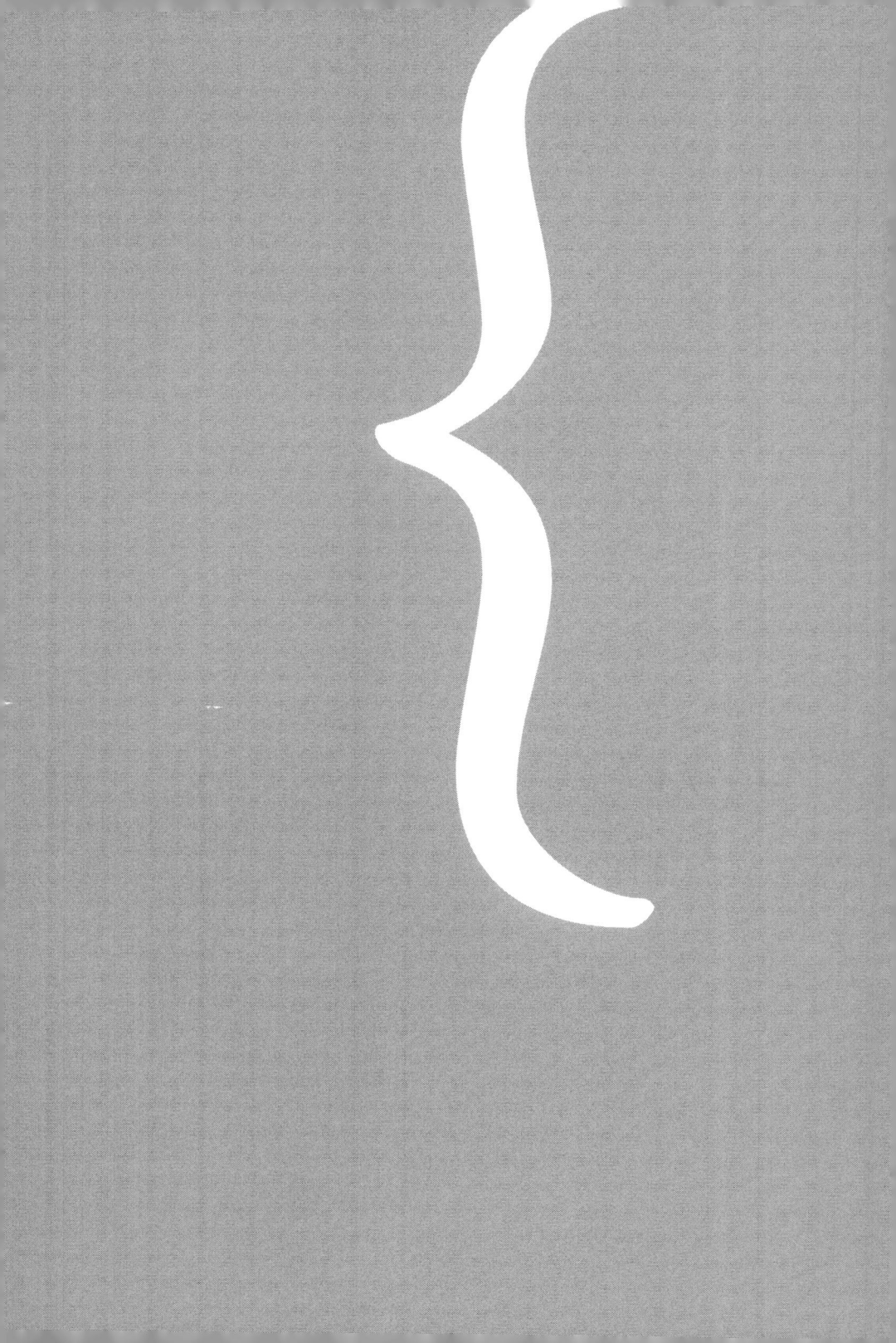

❰O CAPÍTULO ANTERIOR foi uma seção temática introdutória. Tratamos da análise do discurso (AD) como campo, do histórico de formação desse eixo teórico de pesquisa e em quais conceitos básicos pautam-se seus princípios e seus procedimentos. Agora, no Capítulo 2, daremos continuidade a esse processo de aprendizado sobre os estudos discursivos, abordando a constituição dos sujeitos e dos sentidos em perspectiva discursiva.

Logo, neste capítulo, veremos a relação entre sentido e ideologia, a noção de sujeito para disciplinas afins da AD e as noções de sujeito, sentido e interpretação. O intuito principal é promover uma abordagem da produção de sentidos, pelos sujeitos, na perspectiva do funcionamento da ideologia, manifesto na materialidade linguageira. Pretendemos examinar a relação linguagem-ideologia como constitutiva na produção dos sentidos, analisar a pluralidade da noção de sujeito na AD e nas áreas afins, para assim pontuar as intersecções e tensões nesse campo. Por fim, evidenciaremos as consequências das noções de sujeito e de ideologia para o âmbito da interpretação.

doispontoum
Noções de sujeito, sentido e interpretação

Antes de continuarmos nossas discussões sobre como a AD entende e estabelece relações entre sujeito, produção de sentidos e interpretação, é necessário reiterarmos alguns aspectos do capítulo anterior vinculados aos conteúdos que aqui serão debatidos. Entre as noções básicas da AD, não devemos confundir os elementos *discurso* e *fala*. Conforme a continuidade da dicotomia de Saussure, língua/fala propõe difundir, e o objeto de estudo da AD é o discurso, o qual sem dúvidas é um elemento vinculado à língua.

Também estudamos, no Capítulo 1, que a AD, como um campo interdisciplinar e herdeira da linguística, tem seus próprios conceitos que dialogam e contestam a linguística, o marxismo e a psicanálise. A AD é um novo campo de pesquisa que emergiu entre os estudos da linguagem, por isso também se situa entre os estudos linguísticos, foi/é influenciada por outras áreas do conhecimento científico, que teoricamente estão situadas na área de humanas e ciências sociais.

Acerca dessa distinção entre fala e discurso, Orlandi (2002) explica que, para a AD, o discurso não corresponde à noção de fala, mas isso não se trata de uma ocasional oposição à língua, a qual é concebida pela AD como um sistema em que tudo é de natureza social e constante. Na língua, o discurso, assim como a fala, é também uma ocorrência casual, individual, "realização do sistema, fato histórico, a-sistemático, com suas variáveis etc." (Orlandi, 2002, p. 22). De acordo com a autora, o discurso tem regularidade e funcionamento próprios, que são possíveis de se apreender se não houver oposição à questão histórica e social, ao sistema e à realização, ao processo e ao produto e àquilo que é objetivo e subjetivo. Mas como esse assunto está relacionado ao principal tema deste tópico? Como as relações de linguagem, sentido e interpretação estão vinculadas à própria definição do que é discurso segundo a AD?

O ponto-chave é que, nessa linha de raciocínio, podemos pensar em articulação do discurso, da fala, dos sujeitos e da produção de sentidos e, ao mesmo tempo, também é possível refletirmos sobre quais são as noções de sujeito, de sentido e de interpretação de textos, verbalizados ou não na AD. Podemos encontrar essa discussão inicial no livro *Análise de discurso: princípios e procedimentos* (2002), na própria definição que Orlandi apresenta sobre a noção de discurso.

A autora argumenta que a noção de discurso, que no passado foi difundida pela linguística, encontra-se distante "do modo como o esquema elementar da comunicação dispõe seus elementos, definindo o que é mensagem" (Orlandi, 2002, p. 21).

Segue explicando que, de acordo com essa concepção, há um esquema elementar que abrange: emissor, receptor, código, referente e mensagem, ilustrado na figura a seguir.

Figura 2.1 – Mecanismo de funcionamento da linguagem e da comunicação

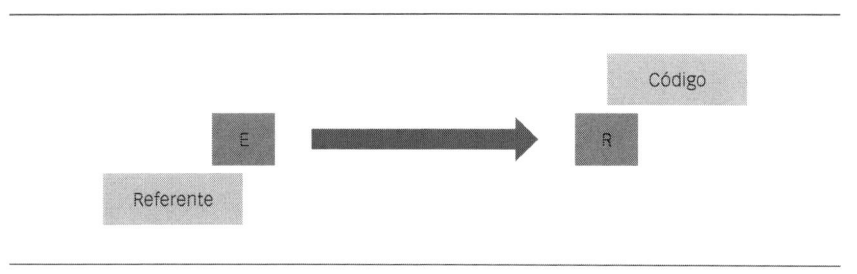

[Diagrama: E → R, com "Código" acima de R e "Referente" abaixo de E]

FONTE: Orlandi, 2002, p. 21.

Nessa ilustração, há o emissor, que transmite uma mensagem para o receptor; quando a mensagem é recebida, é formulada em um código que se refere a algum elemento da realidade, o referente. Orlandi (2002) ressalta que, para a AD, isso não se trata apenas de transmissão de informações, tampouco há essa linearidade entre os elementos de comunicação. Esse esquema que expomos ilustra uma situação na qual a mensagem seria resultado de um processo em série, em que alguém fala algo referente a algum assunto, baseando-se em algum código, e o receptor somente capta a mensagem e decodifica-a.

Para a AD, a noção de sujeito, sentido, interpretação e propagação de discursos transcende esse modelo de funcionamento da linguagem e da comunicação. Segundo Orlandi (2002), para a AD a língua não é somente um código entre os demais, não existe uma separação entre emissor e receptor, tampouco há uma sintonia em que um sujeito fala, depois o ouvinte escuta, decodifica o enunciado de forma organizada, linear etc. Nesse sentido, Orlandi (2002, p. 21) discorre que "não se trata de transmissão de informação apenas, pois, no funcionamento da linguagem, que põe em relação sujeitos e sentidos afetados pela língua e pela história", nos diálogos da vida real, no dia a dia, as pessoas o tempo todo intercalam as posições entre emissores e receptores; elas falam e ouvem ao mesmo tempo; nem sempre tudo o que o outro transmite de informações será decodificado de imediato na mente do interlocutor/destinatário (para quem a mensagem é direcionada).

Portanto, esses eventos comunicativos previstos em nosso cotidiano não seguem essa linearidade da mecanização do funcionamento da comunicação e da hipótese inicial da propagação de discursos representada pelo esquema anterior. Para Orlandi (2002, p. 21), isso ocorre porque "temos um complexo processo de constituição dos sujeitos e produção de sentidos e não meramente transmissão de informação. São processos de identificação do sujeito, de argumentação, de subjetivação, de construção da realidade etc.".

Dessa lição, podemos assimilar que, por meio da reflexão e da análise de discursos, também é possível encontrarmos indícios do complexo processo de constituição dos sujeitos e de sentidos, processo de identificação de quem fala, qual é o tipo de argumentação, a subjetividade, a própria construção da realidade pelos sujeitos, entre outros fatores fundamentais para as pesquisas em AD.

Segundo Orlandi (2002, p. 21), na AD, a definição de discurso está vinculada à noção de sujeito, sentido e interpretação, e as relações de linguagem também são relações de sentidos, com efeitos múltiplos e diversificados dessa noção: "é efeito de sentidos entre locutores".

Tal descrição ilustra um círculo vicioso, no qual encontramos a relação estabelecida entre sujeito, interpretação, produção de sentidos e a noção de discurso para a AD. Para um discurso ser propagado, é necessária a existência do sujeito; da enunciação (momento da produção de enunciados, o qual não é regular, controlável e previsível); dos enunciados, nos quais estão presentes os discursos; da produção de sentidos entre ambos os locutores ouvintes, para que assim haja a interpretação dos enunciados/discursos transmitidos por intermédio da fala, da escrita ou por outros meios.

Para explicar essas noções básicas sobre sujeito, interpretação, sentidos e (re)produção discursiva, sendo congruente com os campos da pragmática e da enunciação (que estudamos no Capítulo 1), a AD adota três tipos de concepções: relações de força, relações de sentidos e mecanismo de antecipação, que contribuem para as denominadas *formações imaginárias* dos sujeitos (Orlandi, 2002).

+ Relações de força: de acordo com esse conceito, é possível dizermos que o lugar de onde o sujeito fala forma parte do que ele diz (Orlandi, 2002). Por exemplo, se o sujeito fala a partir do lugar de um professor, suas palavras seriam diferentes das de um aluno, pois "nossa sociedade é constituída por relações hierarquizadas, são relações de força, sustentadas no poder desses diferentes lugares que se fazem valer na 'comunicação'" (Orlandi, 2002, p. 39-40).

+ **Relações de sentidos:** essa noção revela que não existe discurso que não se relacione com outros, de tal maneira que "um discurso aponta para outros que o sustentam, assim como para dizeres futuros" (Orlandi, 2002, p. 39). De acordo com a autora, todo discurso é imaginado, segundo a teoria da AD, é como se fosse um contínuo processo discursivo mais amplo; portanto, não há um começo absoluto nem um final para o discurso, de modo que sempre será vinculado a outros dizeres que foram realizados, prováveis ou idealizados (Orlandi, 2002).

+ **Mecanismo de antecipação:** nos discursos, "todo sujeito tem a capacidade de experimentar, ou melhor, de colocar-se no lugar em que seu interlocutor 'ouve' suas palavras" (Orlandi, 2002, p. 39). Para a autora, esse mecanismo pode regular a argumentação, por exemplo, de tal modo que o locutor/autor de alguma maneira articulará seu discurso conforme o efeito que ele pensa produzir em seu ouvinte ou leitor.

Com todos esses mecanismos de funcionamento do discurso, advém o que a AD denomina *formações imaginárias*, que, segundo Orlandi (2002, p. 40), são "projeções que [nos] permitem passar das situações empíricas – os lugares dos sujeitos – para as posições dos sujeitos nos discursos". Em outras palavras, é por meio dessas projeções que nós transmitimos situações empíricas (nossas experiências pessoais) para os discursos que podem ser impressos em diversos tipos de gêneros textuais, por meio da fala, da escrita etc. De acordo com Orlandi (2002), em todas as línguas existem regras para esse tipo de projeção, que permitem converter conteúdo de situações empíricas para a posição discursiva. No discurso, essas posições, no que corresponde ao contexto sócio-histórico e à memória, significam o saber discursivo, isto é, aquilo que já foi dito anteriormente.

Para Orlandi (2002), as condições de produção implicam o fato de a língua ser propensa a equívocos e à historicidade (material), à formação social em sua ordem e ao mecanismo do imaginário. "Esse mecanismo produz imagens dos sujeitos, assim como do objetivo do discurso, dentro de uma conjuntura sócio-histórica" (Orlandi, 2002, p. 40). Para que você compreenda melhor essa relação discursiva, vamos fazer um pequeno exercício de formação imaginária.

Pense que você é locutor(a) em alguma situação. Você poderá pensar: Quem sou eu para lhe falar assim? Porém, ao mesmo tempo, você manterá a posição de sujeito interlocutor, porque pensará: Quem é ele para falar assim comigo ou para que eu fale assim com ele? Aí, quando você pensa no objeto do discurso, tem os questionamentos: Do que eu estou falando? Do que ele me fala? Você acabou de fazer o que Orlandi (2002) considera como um jogo imaginário de troca de palavras, pois, na relação discursiva, as imagens constituem as diferentes posições.

Portanto, com esse exercício de reflexão sobre relação discursiva e formação do imaginário, é possível concluir que o tempo todo praticamos essa pequena atividade de ensaio mental, quando pensamos em dizer/escrever algo a alguém. Segundo a obra de Orlandi (2002), a noção de formação discursiva, por mais que seja polêmica, serve como base na AD, porque permite que se compreenda o processo de produção de sentidos e sua relação com a ideologia, a qual é outro importante elemento para a AD que abordaremos mais detalhadamente a seguir.

doispontodois
A relação sentido-ideologia

No tópico anterior, fizemos uma apresentação detalhada sobre como a AD concebe as relações de sentido, interpretação e sujeito e quais são os mecanismos linguísticos que explicam esse processo na produção discursiva, uma vez que esses três elementos estão diretamente vinculados à própria definição de discurso para a AD.

Antes, percorremos esse caminho de preparação teórica, sobre como se estabelece a relação entre sujeito e produção de sentidos na interpretação do discurso, para que, a partir daí, comecemos a análise sobre como se instaura a relação entre ideologia e sentidos, os quais também compõem outro ponto muito relevante na AD. Por essa razão, aqui vamos refletir: Qual é a relação sentido-ideologia estabelecida na AD?

Essa noção não é muito diferente da relação explicada no tópico anterior, porém a relação sentido-ideologia não é um processo muito simples de ser compreendido. Para assimilar esse assunto, no livro de Orlandi (2002) encontramos uma completa e minuciosa explicação sobre como funciona esse tipo de relação estabelecida no campo da AD.

Na Parte 2 do livro, "Sujeito, história, linguagem", há a afirmação de que "o sentido não existe em si, mas é determinado pelas posições ideológicas colocadas em jogo no processo sócio-histórico em que as palavras são produzidas" (Orlandi, 2002, p. 42), pois estas podem mudar de sentido e ser articuladas conforme as posições e as intencionalidades de quem as utiliza em determinado contexto. De acordo com a autora, as palavras exploram o sentido dessas posições quanto às formações ideológicas nas quais essas posições se inscrevem.

Para Orlandi (2002), esse novo termo, *noção de formação discursiva* (que indiretamente mencionamos no tópico anterior), advém da AD, porque essa concepção permite ao analista de discursos compreender o processo de produção de sentidos, seu vínculo com a ideologia, e também permite consolidar regularidades no funcionamento discursivo.

"A formação discursiva se define como aquilo que numa formação ideológica dada – ou seja, a partir de uma posição dada em uma conjuntura sócio-histórica dada – determina o que pode e deve ser dito" (Orlandi, 2002, p. 43). Portanto, a formação discursiva é constituída por uma formação ideológica que a antecede e está socialmente situada na história, por isso a formação ideológica pode determinar tudo aquilo que pode ser dito no tempo presente. Aí é atribuída uma justificativa ampla a respeito do vínculo interdisciplinar bastante forte existente entre a AD e outra área de conhecimento, o campo da história.

Segundo o que Orlandi (2002) argumenta, as formações discursivas representam no discurso as formações ideológicas; por essa razão, subentendemos que na AD é praticamente impossível refletir sobre discursos se não houver a análise das formações ideológicas. "Desse modo, os sentidos sempre são determinados ideologicamente" (Orlandi, 2002, p. 43). Por isso, no tópico anterior, mesmo que indiretamente, foram abordadas questões que envolvem ideologias nas explicações sobre as relações de sentidos. A relação entre sentido e ideologia é preestabelecida de tal modo que, para a AD, os sentidos não estão predeterminados por propriedades da língua; isso depende das relações que são constituídas nas e pelas formações discursivas (Orlandi, 2002).

Entretanto, conforme já destacamos e para Orlandi (2002), não podemos pensar as formações discursivas como se elas fossem blocos homogêneos que funcionam automaticamente, isto é, segundo aquele parâmetro esquematizado no começo deste capítulo, sobre os mecanismos de funcionamento da produção de sentidos proposto pela dicotomia de Saussure, pois as formações discursivas na AD "são constituídas pela contradição, são heterogêneas nelas mesmas e suas fronteiras são fluidas, configurando-se e reconfigurando-se continuamente em suas relações" (Orlandi, 2002, p. 44).

Agora chegamos a outra noção sobre sentido-ideologia que também é imprescindível para a AD, a noção de metáfora, que, na AD, não é considerada uma figura de linguagem assim como é para a retórica. Segundo Orlandi (2002), o elemento da metáfora na AD é tido como a substituição de uma palavra por outra. Portanto, o termo *metáfora*, nesse contexto, significa "transferência" e estabelece a maneira como as palavras significam, pois, para a autora, no princípio não há sentido sem metáfora, uma vez que as palavras não têm um sentido próprio, preso ao sentido literal.

Quanto à relação entre sentido-ideologia e sujeito, podemos apontar a possibilidade de (re)significar a noção de ideologia conforme a consideração da linguagem, a qual é um dos pontos fortes da AD (Orlandi, 2002). Portanto, seguindo uma definição discursiva sobre a noção de que, para a AD, não há sentido sem interpretação, em razão da presença ideológica, é necessário que você assimile alguns pontos importantes destacados por Orlandi (2002).

Em primeiro lugar, não existe sentido sem interpretação. Diante de qualquer objeto simbólico, o ser humano sempre é induzido a interpretar, questionando-se: O que isso quer dizer? (Orlandi, 2002). Segundo esse raciocínio, no movimento da interpretação, o sentido aparece para o sujeito como uma evidência, como se sempre estivesse lá e apenas faltasse ser percebido, compreendido.

Em segundo lugar, de acordo com Orlandi (2002), a função da ideologia é produzir evidências, algo que coloca o ser humano na relação imaginária com as condições de existência e materiais. Em uma concepção mais ampla, a ideologia significa um conjunto de ideias e convicções de uma sociedade, classe, situado em determinada época. Portanto, é possível concluir que a ideologia é a condição para a constituição do sujeito e dos sentidos, pois, de acordo com Orlandi (2002), a ideologia molda a subjetividade dos sujeitos, de tal modo que se constituem duas evidências:

- Evidência do sentido: faz com que uma palavra que define um objeto apague seu caráter material. Esse tipo de evidência também permite que vejamos de maneira transparente "aquilo que se constitui pela remissão a um conjunto de formações discursivas [...] com uma dominante" (Orlandi, 2002, p. 46). Na evidência do sentido, são atribuídos sentidos às palavras de formações em suas relações discursivas, isto é, corresponde ao efeito de determinação do interdiscurso que, no caso, refere-se à memória.
- Evidência do sujeito: designa que nós sempre somos sujeitos, "apaga o fato de que o indivíduo é interpelado em sujeito pela ideologia" (Orlandi, 2002, p. 46). Conforme a autora, isso seria o paradoxo pelo qual o sujeito é convocado à existência, isto é, ocorre a interpelação pela ideologia (abordaremos esse assunto mais detalhadamente no próximo tópico deste capítulo).

Nesse trecho da obra de Orlandi (2002), há o enaltecimento de que essas evidências destacadas dão ao sujeito a realidade como sistema de significações empíricas percebidas. Sob essa perspectiva, a ideologia não é considerada a ocultação movida pelo esquecimento, mas sim a função da relação necessária entre linguagem e mundo. Portanto, segundo Orlandi (2002), a relação da ordem simbólica com o mundo é estabelecida de tal modo que a condição para a existência do sentido é de que "a língua como sistema sintático passível de jogo – de equívoco, sujeita a falhas – se inscreva na história" (Orlandi, 2002, p. 47). Isso seria a discursividade.

Desse modo, é importante que você tome nota que o sentido é uma relação determinada pelo sujeito afetado pela língua com a história (Orlandi, 2002). Isso é o gesto de interpretação, atribuição de sentidos, que é o mediador da relação entre o sujeito, a língua e a história (esse conteúdo será mais aprofundado no Capítulo 5). "Esta é a marca da subjetivação e, ao mesmo tempo, o traço da relação da língua com a exterioridade: não há discurso sem sujeito" (Orlandi, 2002, p. 47).

Em uma perspectiva freudiana*, a autora também elenca uma contribuição da psicanálise para a AD, a qual dita que, em uma noção recíproca, não existe sujeito sem ideologia e que a ideologia e o inconsciente estão interligados materialmente pela língua conforme o processo descrito (veremos mais detalhadamente esse assunto no próximo tópico deste capítulo).

Agora, você pode estar se perguntando: Qual é a relação concreta entre ideologia, sentidos e interpretação? A resposta é muito simples: como nós vimos neste tópico, não podemos pensar ideologia sem automaticamente pensar em interpretação, porque, para que a língua faça sentido, é necessária a intervenção da história por meio da opacidade, do equívoco etc. Aí entra o papel da interpretação e da atribuição de sentidos, que é determinado pelos sujeitos e nivelado pelas possibilidades e condições.

---

* A contribuição da psicanálise para a AD é a teoria do inconsciente, de Sigmund Freud, médico neurologista austríaco que criou o campo da psicanálise.

doispontotrês
A noção de sujeito para as disciplinas afins da AD

Neste capítulo, estudamos a temática do sujeito e um pouco sobre como a AD explica minuciosamente as noções de sentido, interpretação e ideologia nas relações discursivas. É pertinente ressaltar que esses conceitos básicos da AD são resultados de um processo de construção histórica, ao qual a AD foi adequando-se à medida que ela foi evoluindo, estabilizando-se como campo de pesquisa e sendo influenciada por disciplinas afins nos últimos anos.

Quais seriam essas disciplinas próximas à AD, já que esta consolidou-se em um espaço no qual a linguística se identifica com a filosofia e ao mesmo tempo com as ciências sociais (Orlandi, 2002)?

Para discutirmos essa indagação, indicamos o artigo "Linguagem, conhecimento e tecnologia: a enciclopédia audiovisual da análise do discurso e áreas afins" (2018), de Bethania Mariani, docente e pesquisadora sobre AD na Universidade Federal Fluminense (UFF). No mencionado artigo científico, Mariani (2018) cita algumas áreas próximas à AD, como: ciências da linguagem, história das ideias linguísticas, semântica, filosofia da linguagem, pragmática, linguística textual (que estudaremos no próximo capítulo) e disciplinas das ciências humanas e sociais em geral, como psicanálise, história e filosofia. Já mencionamos alguns desses campos anteriormente.

Imagine quantas ramificações de estudos interdisciplinares teoricamente se intercruzam com a AD. São inúmeras, por isso, no presente tópico, não abordaremos todas as noções de sujeitos de todos os campos de estudos já mencionados. Vamos ponderar as ideias principais daqueles mais próximos à AD, como a noção de sujeito da filosofia com ênfase no marxismo, por meio das ideias gerais sobre sujeito de Louis Althusser, Michel Pêcheux e Michel Foucault. Também veremos a noção de sujeito da psicanálise, quando abordaremos as contribuições básicas da matriz freudiana do psicanalista francês Jacques Lacan, porque, segundo a tese de doutorado O *sujeito no discurso: Pêcheux e Lacan* (2008), de Frederico Zeymer Feu de Carvalho, a questão do sujeito é um ponto de encontro entre os trabalhos de Foucault, Pêcheux e Lacan.

Neste ponto, vale ressaltar que, durante a abordagem que propusemos realizar ao longo deste tópico, pretendemos relacionar as reflexões destacadas aos conceitos básicos da linguística e ao subjetivismo de Benveniste, cujos princípios fundamentais foram discutidos no decorrer deste capítulo e também no anterior.

Antes de identificarmos as características do marxismo, da linguística e da psicanálise refletidas na noção de sujeito da AD, o que você observou, de forma indireta, durante a leitura dos tópicos anteriores e no Capítulo 1, sobre a noção de sujeito que a AD apresenta?

Vimos que o ser humano é capaz de transformar sua realidade e a si mesmo por meio da linguagem. As pessoas constroem a existência humana, isto é, atribuem sentido a tudo ao seu redor, e é isso que interessa para a AD. Como os seres humanos, por meio do discurso inserido na linguagem, são capazes de atribuir sentidos a si mesmos, ao mundo circundante e assim modificá-lo? Isso parece ser um princípio filosófico que a AD herdou da filosofia.

A AD pondera o ser humano e a língua em suas ações concretas, isto é, observa os processos e as condições pelos quais a linguagem é produzida, de maneira a contemplar todo o contexto no qual as pessoas e a linguagem estão inseridas; aquilo que é exterior ao sujeito e à historicidade do que se é dito. Essas características da AD parecem ser heranças da linguística (pragmática e teoria enunciativa) e da psicanálise.

Agora, ao pensarmos essas noções básicas sobre o sujeito da AD, é possível refletir: Quais são as noções de sujeitos das disciplinas correlatas à AD? Neste tópico, enfatizaremos especificamente o marxismo e a psicanálise. Como as noções de sujeitos dessas áreas contribuíram para a configuração da AD como campo de pesquisa?

Para responder a esses questionamentos, indicamos o (e baseamo-nos no) artigo "Sobre a análise do discurso" (2005), de Maria Alice Siqueira Mendes e Silva. Nesse trabalho, a autora reflete acerca da influência da psicanálise, da linguística e do marxismo com ênfase na concepção de sujeitos para a AD. Silva (2005) confirma o que temos destacado ao longo deste texto, que a AD enxerga o sujeito e o discurso como influenciadores/influenciados pela história. A AD "articula conhecimentos dos campos das Ciências Sociais e do domínio da Linguística, buscando transcendê-los e deslocá-los de seus lugares de saber" (Silva, 2005, p. 16).

Começaremos as apresentações das noções de sujeitos das áreas afins da AD pelo campo da filosofia, com ênfase para o marxismo. De acordo com Silva (2005), o filósofo Louis Althusser, ao abordar o conceito de ideologia no livro *Ideologia e aparelhos ideológicos de Estado* (1970), retoma questionamentos abrangentes a respeito daquela noção. Segundo Silva (2005), nessas reflexões de Althusser é possível encontrarmos alguns indícios sobre a noção de sujeito do marxismo por meio de três hipóteses interpretadas pela autora:

+ **A ideologia representa a relação imaginária dos indivíduos e suas condições de existência:** Silva (2005) explica que, nessa tese, Althusser argumenta que o ser humano representa simbolicamente sua relação com o real e que, nessa representação, há certo distanciamento da realidade, algo que pode contribuir para a alienação das pessoas (Silva, 2005). Portanto, é possível identificar a noção de um sujeito sonhador para o marxismo. Segundo essa vertente filosófica, tal característica humana pode demonstrar fraqueza e explicar a dominação do ser humano pelo sistema.

+ **A ideologia tem uma existência, porque sempre existiu em um aparelho e em sua(as) prática(s):** segundo Silva (2005), na concepção do filósofo, o comportamento de um sujeito que tem uma consciência configura livremente as ideias nas quais crê. Elas são reconhecidas e decorrem naturalmente da crença do sujeito, a qual não tem uma existência ideal, espiritual, e ganham materialidade incorporada a um aparelho ideológico material, o qual prescreve práticas materiais coordenadas que existem nas ações de um sujeito. Portanto, o marxismo explica que há uma noção que contempla um sujeito capaz de possuir e construir seu próprio conjunto de crenças, práticas. A partir disso, esse conjunto de crenças e práticas também pode ser incorporado a hábitos de outros indivíduos.

+ **A ideologia interpela indivíduos como sujeitos**: segundo Silva (2005, p. 21), Althusser explica que, diante de "mecanismos de interpelação e (re)conhecimento do indivíduo, a ideologia transforma-o em sujeito". De acordo com essa noção e também como discutimos no tópico anterior, a ideologia é um elemento que interpela indivíduos como sujeitos. De acordo com essa noção básica sobre sujeito, trazendo-a para a AD, a ideologia é o que orienta o indivíduo e faz com que ele confira sentidos e significados a si mesmo e ao seu contexto social. Por conseguinte, isso caracteriza a noção de sujeito ideológico pelo marxismo.

Sobre a concepção de sujeito para a corrente filosófica do marxismo e sua contribuição para a formação da AD, nas ideias de Foucault, segundo o artigo de Silva (2005), há certa crítica que corresponde ao sujeito que emite enunciados. Conforme a autora, nessa colocação Foucault propõe a ideia de que o sujeito seria uma espécie de espaço vazio que pode ser preenchido por diferentes indivíduos ao formularem um enunciado. Por último, Silva (2005) enfatiza que, para Foucault, o sujeito não representa a causa e a origem da linguagem, mas sim a diversidade de subjetividades que o indivíduo pode manifestar. Tal aspecto é uma das principais contribuições do marxismo para a AD.

Quanto à noção de sujeito de Pêcheux, Silva (2005, p. 26) destaca que a contribuição do filósofo para a AD "reside no fato de, ao invés de ver os protagonistas do discurso como indivíduos, conseguir visualizá-los como representantes de lugares determinados em uma estrutura social". Esse conceito básico reflete na discussão apresentada no tópico anterior sobre relação de força, a qual diz que o lugar de onde o sujeito fala forma parte do que o indivíduo diz. Por exemplo, ninguém fala melhor sobre legislação do que juristas; sobre religião do que autoridades eclesiásticas e outras lideranças vinculadas a instituições religiosas, e assim por diante (Orlandi, 2002). Isso é uma noção de sujeito advinda do marxismo e instituída por Pêcheux na AD.

Agora, refletiremos sobre a noção de sujeito para a **psicanálise** e como esse campo contribuiu para a construção da noção de sujeito na AD. Na tese de Carvalho (2008), há um momento em que o autor explica o livro *O seminário, livro 11: os quatro conceitos fundamentais da psicanálise* (1964), que é um dos 26 volumes da coletânea *O seminário*, que Lacan publicou em Paris entre 1953 e 1980.

Segundo Carvalho (2008, p. 125), nesse volume, Lacan domina a chamada "'recusa do conceito' na prática da psicanálise" e se abre ao exame de conceitos freudianos, cujo ponto de partida é o inconsciente teorizado por Freud. De acordo com Carvalho (2008), trata-se de um paradigma que envolve três elementos: o **inconsciente**, o **sujeito** e o **real**, o qual permite abordar a temática principal da coletânea *O seminário*, qual seja, a psicanálise como uma ciência. Portanto, na tese defendida por Freud e Lacan, encontramos uma noção de sujeito da psicanálise que contribuiu não somente para as bases da AD, mas também para as raízes dos estudos linguísticos como um todo.

Carvalho (2008) explica que, para compreender essa noção básica freud/lacaniana sobre o sujeito da psicanálise, é necessário distinguir o contexto da descoberta, em que o inconsciente surge como uma experiência e um fenômeno, a partir do qual se especifica o real de uma ciência, ou seja, o contexto de justificação teórica, no qual se busca tratar esse elemento real segundo aquilo que é simbólico. Nessa perspectiva, Silva (2005) explica que o sujeito passou a ocupar uma posição privilegiada, uma vez que a linguagem começou a ser considerada o lugar da constituição da subjetividade e, nesse modo de relação, o sujeito é mais visto como a complementação do outro. Relembremos que essa noção de sujeito influenciou mais intensamente a AD a partir da terceira época, descrita por Pêcheux.

Vale reiterar que, com base nessa noção de "sujeito subjetivo", tanto para os estudos linguísticos quanto para os discursivos, destacam-se outros importantes colaboradores, como a subjetividade de Benveniste, o círculo de Bakhtin, Oswald Ducrot (que discute os conceitos de enunciador e locutor) etc.

Por fim, Silva (2005) propõe que o quadro epistemológico, quer dizer, a teoria da análise do discurso, perpassada por uma teoria da subjetividade com bases na psicanálise, começou a preocupar-se com a representação do sujeito. Nesse quadro teórico, a ideologia e o inconsciente estão materialmente interligados e também atuam paralelamente na formação do sujeito e na construção de sentidos.

Em decorrência dessas questões, no próximo capítulo continuaremos com a abordagem das relações interdisciplinares da AD com a linguística textual e também com outros temas que são ramificações dos conteúdos aqui estudados.

Síntese

Neste capítulo, ressaltamos que, na concepção da AD, o discurso é tido como um elemento vinculado à língua, assim como a fala também o é, que tem regularidade e funcionamento próprios, os quais são possíveis de apreender se não houver oposição à questão histórica e social, ao sistema e à realização, ao processo e ao produto, àquilo que é objetivo e subjetivo.

A relação preestabelecida pela AD entre sujeito, sentido e interpretação não se enquadra no esquema linguístico de mecanismo de funcionamento da comunicação/linguagem proposta pela linguística da dicotomia de Saussure, pois, para a AD, a língua não é somente um código entre outros. Não existe separação entre emissor e receptor, muito menos há uma sintonia em que um sujeito fala, depois o outro ouve, decodifica de forma organizada, linear etc. A AD explica que as relações de linguagem também são relações de sentidos e que, com os efeitos múltiplos e diversificados dessa noção, vem a definição de discurso.

Abordamos, ainda, os três tipos de concepções da AD relacionados à noção de sujeito, sentido e interpretação: relações de força, relações de sentidos e mecanismo de antecipação, os quais contribuem para as chamadas *formações imaginárias* dos sujeitos.

Nas relações de força, é possível afirmar que o lugar de onde o sujeito fala forma parte do que ele diz.

As relações de sentidos evidenciam que não existe discurso que não se relacione com outros. Todo discurso é imaginado, segundo a teoria da AD, como se fosse um contínuo processo discursivo mais amplo; portanto, não há um começo absoluto nem um final para o discurso, de tal maneira que este sempre será vinculado a outros dizeres que foram realizados, prováveis ou idealizados (Orlandi, 2002).

Já o mecanismo da antecipação é um dispositivo discursivo que nos ensina que todo sujeito é capaz de colocar-se no lugar do outro como ouvinte ao mesmo tempo em que também atua como locutor.

Por meio de todos esses mecanismos de funcionamento do discurso, advém o que a AD denomina *formações imaginárias*, projeções que permitem converter situações empíricas em posição discursiva. No discurso, essas posições correspondem ao contexto sócio-histórico e à memória, isto é, àquilo que já foi dito anteriormente (Orlandi, 2002).

Ressaltamos, ainda, que o sentido não existe por si só, visto que as palavras podem mudar de sentido e ser articuladas conforme as posições e as intencionalidades de quem as utiliza em determinado contexto.

Observamos que, na AD, o termo *noção de formação discursiva* permite ao analista de discursos compreender o processo de produção de sentidos e seu vínculo com a ideologia, além de proporcionar a possibilidade de estabelecimento de regularidades no funcionamento discursivo (Orlandi, 2002).

Metáfora é outro termo bastante importante para AD, o qual significa, na referida perspectiva, "transferência", porque as palavras não têm um sentido próprio preso ao sentido literal. Neste capítulo, é importante que você assimile duas lições: (1) não existe sentido sem interpretação, já que, diante de qualquer objeto simbólico, o ser humano precisa interpretar o que lhe está sendo exposto; (2) a função da ideologia é produzir evidências, algo que coloca o sujeito na relação imaginária com as condições de existência e materiais.

A ideologia faz parte da e é a condição para a constituição dos sujeitos e dos sentidos, uma vez que molda a subjetividade das pessoas por meio da evidência do sentido e da evidência do sujeito. Na evidência do sentido, são atribuídos sentidos às palavras de formações em suas relações discursivas. Já a evidência do sujeito designa que nós sempre somos sujeitos.

A relação concreta entre ideologia, sentidos e interpretação está no fato de não ser possível pensar em ideologia sem automaticamente pensar em interpretação, já que, para que a língua faça sentido, é necessária a intervenção da história por meio da opacidade, do equívoco etc.

Por fim, constatamos que, pelo fato de a AD ter-se consolidado em um espaço em que a linguística se identifica com a filosofia e com as ciências sociais, inúmeras ramificações de campos de pesquisa estabeleceram relações interdisciplinares com a AD.

Atividades de autoavaliação

1. Analise as afirmativas a seguir e indique V para as verdadeiras e F para as falsas.

( ) Entre as noções básicas da AD, não se devem confundir os elementos *discurso* e *fala*, conforme a continuidade da dicotomia de Saussure língua/fala propõe difundir.

( ) Na AD, o discurso não corresponde à noção de fala.

( ) A relação preestabelecida pela AD entre sujeito, sentido e interpretação adequa-se perfeitamente ao esquema linguístico de mecanismo de funcionamento da comunicação proposto pela linguística na dicotomia de Saussure.

( ) Conforme a AD, a língua é apenas um código como qualquer outro, no qual existe separação entre emissor e receptor. Segundo o modelo proposto pela AD, a mensagem é captada linearmente pelo ouvinte e decodificada.

( ) Relações de força, relações de sentidos e mecanismo da antecipação são três tipos de concepções da AD relacionados à noção de sujeito, sentido e interpretação.

( ) As formações imaginárias são projeções que nos permitem passar de situações empíricas para a posição discursiva. No discurso, essas posições correspondem ao contexto sócio-histórico e à memória, isto é, àquilo que já foi dito anteriormente.

Agora, assinale a alternativa que apresenta a sequência correta:
a. F, F, V, V, F, F.
b. F, V, F, F, V, V.
c. V, V, F, F, V, V.
d. F, F, F, V, V, V.
e. V, V, V, V, V, V.

2. Assinale a alternativa que identifica os tipos de evidência refletidos pela ideologia que moldam as subjetividades dos indivíduos na relação sentido-ideologia:
a. Evidência textual e evidência discursiva.
b. Evidência linguística e evidência do sujeito.
c. Evidência do sentido e evidência textual.
d. Evidência do sentido e evidência do sujeito.
e. Evidência do sujeito e evidência da subjetividade.

3. Analise as afirmativas a seguir e indique V para as verdadeiras e F para as falsas.
( ) As relações de sentidos revelam que os discursos não se relacionam entre si e que, para a AD, há um começo e um fim absolutos para o discurso.
( ) O mecanismo da antecipação corresponde à habilidade do sujeito de colocar-se no lugar do outro como ouvinte ao mesmo tempo em que também atua como locutor.
( ) Nas relações de força, é possível dizer que o lugar de onde o sujeito fala não está vinculado ao que ele diz.
( ) As relações de forças, as relações de sentido e o mecanismo da antecipação contribuem para as formações imaginárias dos sujeitos.
( ) No discurso, as posições das chamadas *formações imaginárias* dos sujeitos correspondem ao contexto sócio-histórico e à memória, àquilo que já foi dito no passado.
( ) As formações imaginárias não permitem ao sujeito transferir situações empíricas para a posição discursiva.

Agora, assinale a alternativa que apresenta a sequência correta:
a. F, V, F, V, V, F.
b. F, F, F, F, F, F.
c. V, V, F, F, V, V.
d. F, F, F, V, V, V.
e. V, V, V, V, V, V.

4. A respeito da relação sentido-ideologia, **não** é possível afirmar:
a. O sentido é um elemento que não existe em si, mas é determinado pelas posições ideológicas inseridas no processo sócio-histórico em que as palavras são produzidas.
b. As palavras exploram o sentido das posições dos sujeitos em relação às formações ideológicas nas quais elas se inscrevem.
c. A *formação discursiva* é um termo originário da AD.
d. A metáfora é outro elemento importante para a AD, mas que apresenta um significado diferente, correspondendo à "transferência", às maneiras como as palavras significam.
e. É possível pensar ideologia sem a necessidade de interpretarmos os fatos, porque, para que a língua faça sentido, não é necessária a intervenção da história.

5. Analise as afirmativas a seguir e indique V para as verdadeiras e F para as falsas.
( ) A AD não estabelece vínculos interdisciplinares com outras áreas do conhecimento.
( ) O elo entre os trabalhos de Foucault, Pêcheux e Lacan encontra-se na linguística.

(   ) Segundo a filosofia de Althusser, a ideologia representa a relação imaginária dos indivíduos e suas condições de existência. A ideologia tem uma existência, porque sempre existiu em um aparelho e em sua(as) prática(s), e interpela indivíduos como sujeitos.

(   ) Para Foucault, o sujeito representa a causa e a origem da linguagem.

(   ) Pêcheux visualiza os protagonistas do discurso como representantes de lugares determinados em uma estrutura social.

(   ) A noção de sujeito da psicanálise difundida por Freud e Lacan envolve três elementos: o inconsciente, o sujeito e o real. Essa tricotomia contribuiu para outro olhar sobre a língua, que contempla o aspecto da subjetividade nos estudos da linguagem.

Agora, assinale a alternativa que apresenta a sequência correta:

a. V, V, V, V, V.
b. F, F, V, V, F, V.
c. V, V, F, F, V, V.
d. F, F, F, V, V, V.
e. F, F, F, F, F, F.

Atividades de aprendizagem

Questões para reflexão

1. As noções de sujeito (interligadas ao elemento da ideologia e da construção de sentidos) variam conforme as áreas afins da AD, como a linguística, o marxismo e a psicanálise. Como você entende que os traços de cada uma dessas áreas refletem na concepção de sujeito da AD?

2. Como você compreende o gesto de interpretação, atribuição de sentidos, na mediação da relação entre o sujeito, a língua e a história? De que forma isso influencia seu cotidiano?

Atividade aplicada: prática

1. Alguns conceitos trabalhados neste capítulo relacionados com a questão da interpretação são: relações de força, relações de sentido e mecanismo de antecipação. Tratamos também da ideologia, que faz parte da e é a condição para a constituição do sujeito e dos sentidos; de nossas condições de existência e das relações de poder que estão imbricadas nisso. A ideologia funciona justamente como esse imaginário que nos liga às nossas condições de existência, fazendo com o sentido para uns não seja o mesmo que para outros.

   Com base nisso, pesquise uma charge, uma tirinha ou outro gênero que trabalhe com o humor e que apresente, por exemplo, algum conflito entre gerações (jovens/idosos, adultos/crianças), classes sociais distintas ou outras identidades, cujo humor decorra da diferença de entendimento sobre uma mesma questão. Em seguida, elabore de dois a quatro parágrafos dissertativos, apresentando sua interpretação do texto sob a ótica da AD. Considere, nessa análise, os conceitos já mencionados e os abordados no capítulo, assim como as perguntas norteadoras a seguir.

   a. É possível identificar o contexto sócio-histórico apresentado no texto? Quais elementos contidos no texto podem comprovar isso?

b. Quais os sujeitos presentes no texto e quais relações de força estabelecem entre si?
c. Quais relações de sentido são criadas para estabelecer o efeito de humor?
d. Qual termo é interpretado de uma forma por um sujeito e de distinta maneira por outro?
e. Quais as condições de existência, que imaginário sustenta essa diferença de interpretação?

Indicações culturais

CARVALHO, F. Z. F. de. O sujeito no discurso: Pêcheux e Lacan. 265 f. Tese (Doutorado em Linguística) – Universidade Federal de Minas Gerais, Belo Horizonte, 2008. Disponível em: <https://repositorio.ufmg.br/bitstream/1843/ARCO-7F2RJQ/1/frederico_zeymerfcarvalho_tese.pdf>. Acesso em: 24 jul. 2020.

A leitura dessa tese é indicada para quem deseja aprofundar o conhecimento sobre o tratamento formal dado ao sujeito no discurso. A tese traz também a relação entre a AD e a psicologia, tendo como fio condutor o conceito de sujeito dos autores Michel Pêcheux e Jacques Lacan.

ELOI, A. Nós: entenda os significados por trás do terror de Jordan Peele. Omelete, 28 mar. 2019. Disponível em: <https://www.omelete.com.br/terror/nos-entenda-os-significados-por-tras-do-terror-de-jordan-peele>. Acesso em: 24 jul. 2020.

Aqui, na verdade, fazemos um duplo convite: ler a resenha indicada e assistir ao filme. Ao ler a resenha, reflita sobre as interpretações e as construções de sentido para o filme estabelecidas pelo autor do texto (estamos fazendo uma analogia, pois essas análises não foram feitas na perspectiva da AD). Ao assistir ao filme, além de construir a própria interpretação, aplique os conceitos trabalhados neste e nos outros capítulos deste livro.

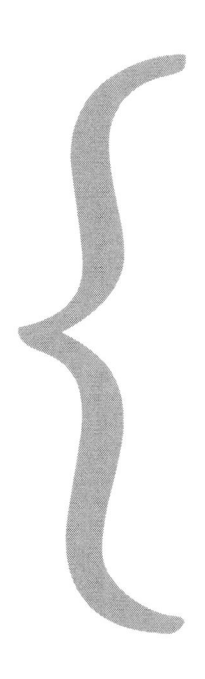

{

um	O campo de emergência político e linguístico da análise do discurso (AD): o estabelecimento dos estudos do discurso no campo dos estudos da linguagem
dois	Sujeito e sentido, a mútua constituição: a constituição dos sujeitos e dos sentidos em perspectiva discursiva
# três	Texto e discurso — discursividade
quatro	Os gêneros do discurso e o campo da AD: os gêneros do discurso/texto como prática histórico-cultural
cinco	AD e a relação com o campo do ensino: as contribuições da AD para o trabalho com a linguagem
seis	Estudos do discurso: práticas e perspectivas contemporâneas

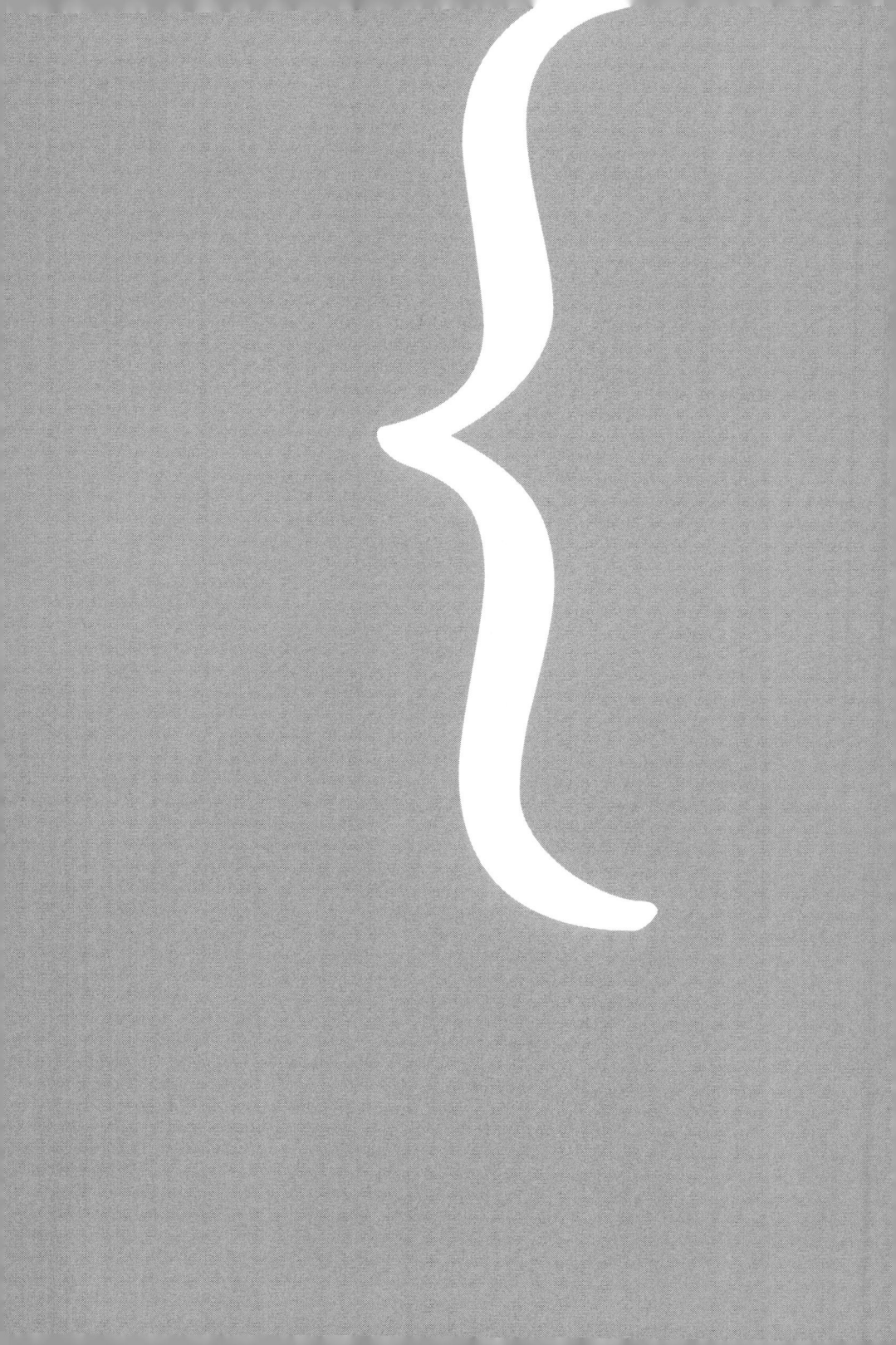

{

❰ NOS CAPÍTULOS ANTERIORES, abordamos as origens da AD, seus princípios, seus procedimentos, suas noções de sujeito, entre outros temas. Agora, analisaremos a temática da discursividade. Para tanto, no decorrer deste capítulo, desenvolveremos um percurso de aprofundamento nas discussões sobre os aspectos da língua e a historicidade da noção de texto, o sujeito e a questão do discurso e as noções a ele correlatas, a interdiscursividade, a intertextualidade, a noção de texto e a noção de discurso.

O propósito deste capítulo é cotejar as noções de discurso e de texto, privilegiando os pontos de encontro entre ambos os elementos. Apresentaremos um recorte histórico da noção de texto em seu aspecto conceitual, como objeto teórico-analítico. De maneira reflexiva, examinaremos as concepções de texto e discurso como (inter)relacionadas no jogo discursivo. Nesse contexto, evidenciaremos as semelhanças e as diferenças entre as noções de intertextualidade e de interdiscursividade. Por fim, discutiremos a noção de discurso, a formação discursiva e a formação ideológica.

trêspontoum
O aspecto da língua e a historicidade da noção de texto

Antes de tudo, esclarecemos que esta seção foi desenvolvida com base em um dos resultados da pesquisa de mestrado de uma das autoras desta obra, a pesquisadora Kassandra da Silva Muniz: *Piadas: conceituação, constituição e práticas – um estudo de um gênero* (2004). O primeiro capítulo do mencionado trabalho retrata exatamente os pressupostos teóricos e metodológicos das noções de texto, discurso, língua e sujeito, elementos essenciais para o desenvolvimento do raciocínio sobre discursividade que este capítulo se propõe a promover.

Também destacamos que, como os temas centrais desta seção temática são os elementos texto e discurso, será necessário que abordemos parcialmente e até "emprestemos" algumas contribuições conceituais sobre língua, texto, sujeito, práticas discursivas etc. de outro campo teórico da linguística, o qual também trata dos assuntos que nos interessam e, principalmente, estabelece um relacionamento epistemológico bastante estreito com a AD: a linguística textual, ou linguística de texto (LT).

A LT, conforme o próprio nome revela, é o ramo da linguística que toma o texto como objeto de estudo (Koch, 2015)*. Por essa razão, neste capítulo, ao abordarmos os elementos *texto* e *discurso*, será necessário adentrar em uma espécie de "fronteira" entre os diálogos instaurados entre os campos da LT e da AD, pois o objeto de estudo da LT é o próprio texto, e o da AD, o discurso.

Uma de nossas intenções é deixar claro que, por mais que *texto* e *discurso* não signifiquem a mesma coisa, sob o ponto de vista teórico que adotamos (fronteira entre LT e AD), as relações estabelecidas entre ambos os elementos tornam praticamente impossível falar sobre texto sem mencionar discurso, e vice-versa.

Conforme a proposta de reflexão do primeiro capítulo da pesquisa de Muniz (2004), e também segundo a contextualização que acabamos de apresentar, salientamos que o objetivo deste tópico é fazer com que você coteje as noções de discurso e de texto, privilegiando os pontos de encontro entre ambos os elementos. Ao tematizarmos a visão multidisciplinar, dinâmica e funcional dos estudos linguísticos discursivos com relação à língua, a qual é tida como um sistema no qual tudo se mantém de natureza

---

* Ingedore Grünfeld Villaça Koch foi a orientadora da pesquisa de mestrado de Kassandra da Silva Muniz (2004), que é a base deste capítulo. Koch foi uma grande linguista, pesquisadora e professora que atuou na Universidade Estadual de Campinas (Unicamp) e na Pontifícia Universidade Católica de São Paulo (PUC-SP). Era de família alemã; mudou-se para o Brasil durante o período da Segunda Guerra Mundial e, posteriormente, naturalizou-se brasileira. Era mestre e doutora em Língua Portuguesa e livre docente em Análise do Discurso. Quando se tornou professora titular da Unicamp, implementou a área da linguística textual no Instituto de Estudos da Linguagem dessa universidade.

social e constante, de forma contextualizada também abordaremos a questão da historicidade da noção de texto.

Portanto, antes de tudo, pelo ponto de vista que a AD e a LT compartilham sobre as concepções de língua, aqui se torna relevante enfatizar que, por mais que examinemos individualmente cada noção de língua, isso não significa que elas sejam estagnadas ou autossuficientes, ao contrário: uma concepção sobre língua/ linguagem complementa a outra, pois, de alguma maneira, elas sempre estarão interligadas.

Por essa razão, neste tópico estamos longe de ver a língua como um sistema abstrato, virtual. Nos estudos linguísticos e discursivos, torna-se viável construir argumentos de que a língua é uma forma de ação no mundo, mediada por fatores cognitivos e sociais, por isso buscamos, aqui, defender a ideia de que a língua é uma prática social, e não um ato individual de um sujeito, seguindo a tradição da língua como ação, e não como produto.

Nessa perspectiva, conforme pontua o trabalho de Muniz (2004) ao divulgar concepções de outro teórico bastante renomado da área da LT, o professor Luiz Antônio Marcuschi (2001), vale propagar a ideia de que é possível transcender a barreira do estritamente linguístico naquilo que isso tem de mais sistêmico e formal (não está sendo negada a importância dessa nuance) e passar a nos interessar mais pela língua em funcionamento nas interações verbais.

O professor João Wanderley Geraldi (2002), ao postular que a linguagem é uma atividade constitutiva, afirma que o **trabalho linguístico** deve ser relevante para quem se dedica a analisar a linguagem, no nosso caso, a linguagem verbal, que é a que mais predomina. Confira:

> o trabalho não é nem um eterno recomeçar nem um eterno repetir. Por ele a linguagem se constitui marcada pela história deste fazer contínuo que a está sempre constituindo. O lugar privilegiado desse trabalho é a interação verbal, que não se dá fora das interações sociais, de que é apenas um tipo, essencial é bem verdade. (Geraldi, 2002, p. 18)

É importante que você assimile que é na perspectiva interacional à qual o autor se refere que situaremos as reflexões desenvolvidas neste tópico, em concordância com o trabalho de Muniz (2004), ao também discutirmos que a linguagem é uma atividade, um trabalho, um processo que se concretiza durante a interação entre sujeitos, atores sociais, por intermédio de ações coletivas nos processos sociais. Nesse sentido, daí vem a noção explicada por Norman Fairclough (2001) de que a língua seria uma prática social, pois não se trata de mero reflexo de variáveis situacionais, tampouco de uma atividade de caráter individualista.

Essa visão sobre a língua é uma herança dos estudos de Bakhtin, a noção da língua como um processo que se realiza na interação entre os sujeitos, conforme quem somos, sujeitos sócio-historicamente situados. Dessa forma, não é possível analisar o discurso sem considerar a situação na qual ele está inserido, uma vez que todo discurso está sempre vinculado a um contexto socioideológico e marcado pelos discursos exteriores ao sujeito.

Isso nos remete ao que Bakhtin (1990) salienta a respeito da historicidade da noção de texto/discurso que discutimos nos capítulos anteriores: **toda enunciação implica uma réplica**, pois, em situações comunicativas do dia a dia, na maioria das vezes, nossa resposta será orientada por discursos que já foram propagados anteriormente na sociedade, na família, nos livros que lemos etc. Portanto, conforme abordamos no Capítulo 2, são nessas situações que se encaixa a reflexão sobre a historicidade da noção de texto/discurso, já que, por meio de tudo aquilo que foi registrado no passado em textos orais, escritos etc., é que são estipuladas as verdades, os padrões de comportamento, os valores, entre outras diretrizes que orientam uma vida social, por exemplo, tudo aquilo que já foi dito socialmente, bem como construções de narrativas históricas.

A pesquisa de Muniz (2004) ressalta que esse fato não significa que o sujeito perderá sua identidade ou sua individualidade, mas sim que nosso discurso sempre estará em constante diálogo com o discurso do outro. Para melhor exemplificar essa linha de raciocínio, Muniz (2004) cita Nilce Sant'Anna Martins (1989, p. 192): "Constantemente estamos recebendo e transmitindo informações das mais variadas e, muitíssimas vezes, desconhecemos a sua origem, não sabemos por quem foram inicialmente formuladas. É que todos [nós] os falantes nos apropriamos de enunciados alheios, sem mesmo darmos por isso".

Analisaremos essa questão mais veementemente no próximo capítulo, mas vale adiantar para você que o dialogismo está na base de toda a reflexão de Bakhtin e também respalda muitas discussões promovidas na LT, na AD e nas discussões que aqui propomos. Nessa perspectiva, é possível constatar que o subjetivismo individualista ou idealista, como Bakhtin caracteriza a corrente, centra tudo no uno; mas, por outro lado, o dialogismo também vai contra o objetivismo abstrato por este sistematizar, formalizar e codificar a língua, não admitindo seu caráter ideológico. Com base nessas considerações, poderíamos dizer que a tese central de Bakhtin está bem representada na seguinte citação (Bakhtin, 1997, p. 109):

> *a verdadeira substância da língua não é constituída por um sistema abstrato de formas linguísticas nem pela enunciação monológica e isolada, nem pelo ato psicofisiológico de sua produção, mas pelo fenômeno social da interação verbal, realizada através da enunciação ou das enunciações. A interação verbal constitui assim a realidade fundamental da língua.*

A partir disso, Muniz (2004, p. 13) prevê que, se fôssemos acrescentar ou salientar algo a mais na definição de língua sugerida por Bakhtin, seria o fato de que isso serve tanto para os linguistas textuais quanto para nossa introdução aos estudos sobre texto sob o viés da LT e dos estudos discursivos: "a cognição desempenha importante fator na forma como concebemos a linguagem".

A língua é vista como uma atividade sociocognitiva, uma vez que, como mencionamos anteriormente, trata-se de uma forma de ação no mundo, de um processo no qual intervêm fatores sociais, históricos e cognitivos. De acordo com Muniz (2004), também é preciso salientar o caráter cultural e social conferido à cognição, já que *frames*, *scripts*, ou seja, os modelos cognitivos, são vistos como cultural e socialmente determinados e determinantes. Dessa forma, Marcuschi (1997) afirma que a linguagem seria uma estratégia sociocognitiva de as pessoas apropriarem-se da realidade. Ainda para esse autor,

> [a língua é] *uma atividade social e cognitiva [que ocorre] em contextos historicamente delineados e interativamente construídos. A linguagem se dá como interlocução situada e se oferece como conhecimento para o outro. Dinâmica por natureza, a língua é estável, mas não estática [...]. Deixa-se normatizar, embora de forma variável e variada.* (Marcuschi, 2001, p. 41)

Segundo Marcuschi (2001), a língua apresenta um caráter interacional; nesse processo, os sujeitos e os fatores sociais influenciam e são influenciados reciprocamente. Cabe aqui ressaltar outra constatação enfatizada pela pesquisa de Muniz (2004): torna-se evidente que a noção de sentido constitui radicalmente a noção de língua, já que partilhar uma língua é, antes de tudo, partilhar sentidos. Reiterando o raciocínio da autora, a noção de língua como um trabalho, uma **atividade sociocognitiva** realizada por sujeitos sociais em interações contextualmente situadas, também está presente em outras definições que norteiam este capítulo, como, por exemplo, a de sujeito e a de texto/discurso, as quais abordaremos detidamente na sequência.

trêspontodois
O sujeito e algumas noções correlatas à temática discursiva

No tópico anterior, descrevemos como os sujeitos inseridos na história por meio da articulação da língua em textos como o gênero piada, por exemplo, (re)produzem, promovem socialmente a circulação de discursos e, assim, perpetuam ideologias e crenças sobre determinados temas, como discursos relacionados a questões raciais, étnicas, de gênero, de classe e de sexualidade.

Conforme o estudo de Muniz (2004) ressalta, quem (re)produz, estipula e molda socialmente esses tipos de textos/discursos no uso da língua são os falantes, os sujeitos. Por essa razão, neste tópico, torna-se imprescindível desdobrarmos essas discussões ao abordarmos de forma prática as noções correlatas à temática do discurso. Para prosseguirmos com as reflexões propostas pelo trabalho de Muniz (2004), convém observar a seguinte colocação de Michel de Certeau (2002, p. 94), a qual explica o vínculo estabelecido nas relações étnicas entre sujeitos, textos e discursos como resultados dos processos de colonização:

> Já faz muito tempo que se vêm estudando em outras sociedades as inversões discretas e no entanto fundamentais ali provocadas pelo consumo. Assim o espetacular sucesso da colonização espanhola no seio das etnias indígenas foi alterado pelo uso que dela se fazia: mesmo subjugados, ou até consentindo, muitas vezes esses indígenas usavam as leis, as práticas ou as representações

que lhes eram impostas pela força ou pela sedução, para outros fins que não os dos conquistadores. Faziam com elas outras coisas: subvertiam-nas a partir de dentro – não as rejeitando ou transformando-as (isto acontecia também), mas por cem maneiras de empregá-las a serviço de regras, costumes ou convicções estranhas à colonização da qual não podiam fugir. Eles metaforizavam a ordem dominante: faziam-na funcionar em outro registro. Permaneciam outros, no interior do sistema que assimilavam e que os assimilava exteriormente. Modificavam-no sem deixá-lo.

Essa "descrição" que Certeau oferece dos "usos" que os indígenas faziam dos costumes e dos hábitos impostos pelos espanhóis na época da colonização ilustra bem o sujeito que buscamos destacar. Ao seguirmos a noção de língua abordada anteriormente, a noção de sujeito também vai ter esse caráter de processo, e não de produto: um sujeito que aceita as determinações do que lhe é imposto pelo sistema, pela instituição, mas que, por não estar estagnado, percebe-se nesse grande processo e utiliza-se de estratégias e táticas para que sua subjetividade não seja apenas reflexo de um sistema maior.

Isto é, trata-se de um sujeito que assimila as regras presentes na sociedade, mas que as utiliza de forma a imprimir sua subjetividade nelas. Portanto, congruentes com a mesma linha de raciocínio do estudo de Muniz (2004), acreditamos em um sujeito que se coloca no que faz, no que vive, no que fala, mas que, em virtude de não viver isolado (lembremos a concepção de língua/

linguagem como prática social), ao mesmo tempo, em parte, também é constituído pelo outro.

Nesse aspecto, cabe atentar que tanto a AD quanto a LT, por elas, teoricamente, estabeleceram vários pontos em comum. Como ambas postulam uma necessária interdisciplinaridade, elas integram, em suas concepções, o sujeito pragmático no que se refere à liberdade para fazer suas próprias escolhas, seja de caráter linguístico, seja no que concerne às suas práticas sociais.

Diante dessa perspectiva, buscamos, aqui, preservar a ideia de ação, de trabalho, de processo que permeia todas as considerações apresentadas, pois, para a LT:

> o sujeito falante possui um papel ativo na mobilização de certos tipos de conhecimentos, de elementos linguísticos, de fatores *pragmáticos* e *interacionais*, ao produzir um texto. Em outras palavras, o sujeito sabe o que faz, como faz e com que propósitos faz (se entendemos que dizer é fazer). (Bentes, 2001, p. 254, grifo do original)

O sujeito desempenha um papel ativo em suas escolhas, não há dúvida, mas fatores que não estão sob o controle dele também as determinam. Nossa ressalva quanto a esse sujeito diz respeito ao nível de consciência presente quando da realização de ações, isto é, da percepção de que, quando agimos, existem outros fatores que não são apenas os que intencionalmente mobilizamos. Assim, para conectar-se com a noção de sujeito discursivo que abordamos no Capítulo 2, neste tópico também partilhamos da mesma noção de sujeito que a LT difunde, qual seja, um sujeito heterogêneo, que, por meio de suas práticas do cotidiano, age, movimenta-se, atua intensivamente. No entanto, suas ações não são um reflexo apenas de seus desejos e posicionamentos.

A pesquisa de Muniz (2004) ilustra que não é possível fugir de determinações sociais, raça, gênero, classe, sexualidade etc. Conforme Certeau (2002), se não podemos escapar disso, podemos ao menos nos utilizar de astúcias e táticas típicas dos "fracos" e vencer os "fortes" no próprio campo deles, por intermédio de nossas práticas cotidianas. Por exemplo, o gênero piada e tantos outros pertencentes ao domínio humorístico que circulam entre nós são uma ótima forma de observarmos que

> [os textos] *são marcados por usos;* apresentam à análise as marcas *de atos* ou processos de enunciação; significam as *operações* de que foram objeto, operações relativas a situações e encaráveis como *modalizações* conjunturais do enunciado ou da prática; de modo mais lato, indicam portanto uma *historicidade* social na qual os sistemas de representações ou os procedimentos de fabricação não aparecem mais só como quadros normativos mas como *instrumentos manipuláveis por usuários.* (Certeau, 2002, p. 82, grifo do original)

Portanto, se analisarmos gêneros humorísticos de modo geral, como as piadas, é possível concluir que essas práticas sociais de que fala Certeau mostram um sujeito (re)inventando seu cotidiano por meio de ações que demonstram um trabalho diário e incansável, até necessário, de transformar os embates constantes – entre o que é imposto e o que se pode fazer, entre instituição e transgressão, entre fortes e fracos – em um campo que, mesmo minado e cheio de armadilhas, permite perceber, ou melhor, percebermo-nos utilizando de astúcias, gestos, golpes e palavras que mostram as ações de um sujeito que surpreende, movimentando-se sub-repticiamente, libidinosamente, tacitamente; procurando, apesar de sua condição de fraco, uma maneira de fazer que lhe possibilite (re)criar nesse mesmo campo.

trêpontotrês
As noções de interdiscursividade e intertextualidade

Agora retomaremos, de forma mais enfática, um conteúdo importante do Capítulo 2: uma das noções de AD que estipula que o sujeito discursivo é pensado como posição, e não como um lugar que ocupa, pois esse raciocínio define que o indivíduo apropria-se do que diz, já que a maneira "como o sujeito ocupa seu lugar, enquanto posição, não lhe é acessível, ele não tem acesso direto à exterioridade (interdiscurso) que o constitui" (Orlandi, 2002, p. 49). Observemos que, nessa colocação de Orlandi, a autora menciona o termo *interdiscurso* como sinônimo de algo exterior ao sujeito. Esse termo remete ao aspecto da interdiscursividade, um dos temas mais importantes para os estudos discursivos e textuais e que abordaremos neste tópico.

A partir de agora, você é convidado(a) a acompanhar o raciocínio e a refletir sobre o que é interdiscurso/interdiscursividade para os estudos linguísticos discursivos e quais são os vínculos desse elemento com o aspecto da intertextualidade.

Talvez o termo *intertextualidade* seja familiar para você, leitor(a). No entanto, para que aprofundemos mais os conhecimentos básicos sobre o referido tema, neste tópico faremos um delineamento das noções desses termos bastante utilizados nas pesquisas sobre texto e discurso.

Segundo o trabalho de Maria Izabel Magalhães (2011), muitos estudos na AD e na LT vêm submetendo os elementos da *interdiscursividade* e da *intertextualidade* à problematização. "Esse é um termo geral que se subdivide em interdiscursividade, que corresponde aos discursos a que se recorre nos textos, e intertextualidade manifesta" (Magalhães, 2011, p. 221).

A noção de interdiscursividade corresponde aos discursos presentes nos textos que manifestam relações intertextuais com outros textos. Em artigo, Viviane Ramalho (2010, p. 125) também define o aspecto da interdiscursividade como uma "hibridização de gêneros, discursos e estilos característicos de práticas sociais distintas".

Nessa perspectiva, Marcuschi (2008), pelo viés da LT, explica que esse aspecto ocorre de tal maneira que, em um texto atual, há a presença de partes de outros textos prévios. Com base nisso, o autor enfatiza que existem algumas modalidades de intertextualidades manifestadas nos textos, como:

- **Intertextualidade em forma de conteúdo**: de acordo com Marcuschi (2008), isso acontece quando uma pessoa utiliza determinado gênero textual em outro contexto que não seja o habitual, somente para causar um efeito de sentido em especial, a fim de que o(a) leitor(a) consiga identificar, de forma prática, o aspecto da historicidade em um texto e também entender como os sujeitos imersos em um sistema, subalternos a alguma instituição, por exemplo, pela articulação discursiva, criam contra-argumentos.

+ **Intertextualidade explícita:** Marcuschi (2008) exemplifica que esse tipo de intertextualidade ocorre no formato de citações, discursos diretos, resumos, resenhas, livros etc., que, por sinal, é bastante comum em textos acadêmicos. Provavelmente, você utiliza muito em sua vida diária.
+ **Intertextualidade com textos próprios alheios ou genéricos:** verifica-se quando alguém se situa em uma relação consigo mesmo e alude a seus próprios textos, ou cita textos sem autoria específica (Marcuschi, 2008).

Com base nessa tipificação de manifestação da intertextualidade apresentada por Marcuschi (2008), é possível concluir que a intertextualidade colabora para a coerência do texto e é estudada porque é fundamental para relacionar discursos entre si, pois é mais que um critério de textualidade, "é também um princípio constitutivo que trata o texto como uma comunhão de discursos e não como algo isolado" (Marcuschi, 2008, p. 132). Desse modo, o autor teoriza que a presença de outros discursos em um discurso único vem de outras fontes enunciativas, o que também equivale ao aspecto da intertextualidade. Magalhães (2011, p. 222) defende a tese de que "a enunciação é necessariamente intertextual", uma vez que, no momento em que produzimos discursos e enunciados, espelhamo-nos em outros textos para construir o raciocínio lógico do discurso.

Sob essa ótica, Marcuschi (2008) alega que nossos textos podem manifestar dois tipos de heterogeneidade nas relações intertextuais e interdiscursivas: a **heterogeneidade mostrada** ou a **heterogeneidade constitutiva**.

Conforme o autor, a heterogeneidade mostrada consiste na presença de um discurso em outro discurso que é possível de ser identificado. A heterogeneidade constitutiva trata-se de "quando o discurso é dominado pelo interdiscurso. É o surgimento de um diálogo interno e que não necessariamente vem do exterior" (Marcuschi, 2008, p. 132). Isso seria algo similar à correspondência no diálogo estabelecido com outros discursos que ocorre no debate com nossas identidades. Tal noção, como enfatizamos anteriormente, é bastante presente no dialogismo bakhtiniano.

Ao estabelecer esses diálogos com outros textos, Magalhães (2011, p. 222) complementa que "a intertextualidade atua em sentido mais amplo, construindo textualmente cenários passados, presentes e futuros". De acordo com essa noção relacionada aos aspectos da intertextualidade e da interdiscursividade, é possível fazer uma conexão com os aspectos da memória, da ideologia e da história, que discutimos no Capítulo 2, uma vez que, no campo da AD, a ideologia e as produções de sentidos são estabelecidas conforme o que já ocorreu na história e conforme aquilo que é definido por nossa memória, e isso reflete, portanto, naquilo que já foi dito anteriormente.

Como as noções de intertextualidade e interdiscursividade são relacionadas a mais de um texto, Magalhães (2011) salienta que o estudo da intertextualidade não deve restringir-se somente a um tipo de texto.

Logo, o aspecto da intertextualidade corresponde aos vínculos e aos diálogos que realizamos com outros textos que também são portadores de outros tipos de discursos. Como o raciocínio dos textos não é heterogêneo, podemos argumentar sobre a reciprocidade nas noções de interdiscursividade e intertextualidade como possível tema para ser abordado tanto na AD quanto na LT.

trêspontoquatro
Noções de texto e discurso

No atual capítulo e neste livro como um todo, buscamos defender a tese de que a língua é uma prática social, por isso, torna-se elementar refletirmos sobre a língua adotada em nossas produções textuais e como funciona a articulação desses textos/discursos/ideologias que são bastante próximos da nossa realidade*.

Se pensarmos nas discussões sobre sujeito que foram introduzidas desde o Capítulo 2 e nos tópicos anteriores, principalmente quando fomos enfáticos na Seção 3.2 ao abordarmos

---

* Vale reiterar que a atual seção também foi integralmente desenvolvido com base no primeiro capítulo da dissertação de Muniz: *Piadas: conceituação, constituição e práticas – um estudo de um gênero* (2004), uma das autoras deste livro.

o sujeito que se coloca no que faz, no que fala, no que vive, mas que, por não viver isolado, precisa do outro, veremos as contribuições da pragmática (o campo da empatia da linguística) para a constituição dessa concepção de sujeito que a LT e a AD compartilham.

Nessa perspectiva, (in)diretamente você foi sendo convidado(a) a também fazer um exercício de reflexão a respeito das noções correlatas a texto e discurso. Em decorrência disso, pode surgir a seguinte pergunta, que a pesquisa de Muniz (2004) buscou contestar ao promover uma análise concisa a respeito da noção da língua como prática social: Serão os conceitos de texto-discurso o ponto-chave para o debate sobre a questão da terminologia acerca dos gêneros, "afinal são gêneros do discurso ou gêneros textuais?" (Muniz, 2004, p. 19).

A autora indica que a resposta está na concepção de texto/discurso subjacente à teoria. **Texto-discurso**, porque neste livro é indiferente empregarmos um termo ou outro, uma vez que, conforme enfatizamos no início deste capítulo, acreditamos tratar-se de noções que não são sinônimas, mas que, sob o ponto de encontro que estamos verificando entre a AD e a LT, torna-se impossível dissociar esses dois elementos.

Em conformidade com a concepção de língua e sujeito que adotamos, o discurso é concebido como uma reelaboração mental da realidade, de forma que fatores não apenas concernentes à língua, mas sociais, culturais e históricos vão influenciar nessa redefinição. Nessa perspectiva, o texto tem de ser tomado como um processo, e não como um produto (Marcuschi, 1997).

Essa distinção é importante, dado que, durante os primeiros anos de constituição da LT, o texto era visto como um produto, pronto e acabado. Nessa concepção, apenas eram considerados os aspectos formais e extensionais do texto, relativos ao fato de este ter de apresentar tanto um tamanho determinado – "unidade linguística do sistema superior à frase", ou ainda "sucessão ou combinação de frases" (Koch, 1998, p. 21) – quanto um específico conjunto de conteúdos – "complexo de proposições semânticas" (Koch, 1998, p. 21).

Sob esse ponto de vista, Muniz (2004) explica que tudo o que era social, histórico, não era levado em consideração. O outro, interlocutor real ou não, também não era considerado. Essa concepção de texto como um produto, um sistema fechado, reduzido a questões puramente linguísticas, não levava em conta a relevância que o contexto tem para que possamos pensar sobre a noção de texto. Bakhtin, em sua crítica ao objetivismo abstrato, chamou a atenção para essa forma descontextualizada de conceber a língua. Freitas (1999), baseando-se em Bakhtin, constata que o foco central da língua reside na conformidade à nova significação que essa forma possa adquirir no contexto.

Essa forma descontextualizada de conceber a língua se refletiu na noção de enunciado, texto. Isso não permitiu que este fosse visto em sua concretude, em sua relação com o "real" da língua, no que ela tinha de social e histórico, ou seja, o contexto e a enunciação não foram considerados. Para Freitas (1999, p. 135), essa visão não permitiu constatar que

> o enunciado se produz num contexto que é sempre social, entre duas pessoas socialmente organizadas, não sendo necessária a presença atual do interlocutor, mas pressupondo-se a sua existência. O ouvinte ou leitor é assim um outro – presença individual ou imagem ideal de uma audiência imaginária.

Koch (2002) reforça esse caráter social que os textos têm e que lhes é atribuído por meio do contexto, da interação entre os interactantes (as pessoas envolvidas na interação), desse aspecto dialógico característico de toda produção textual, oral ou escrita, verbal ou não verbal. Para a autora, que se baseia em Robert de Beaugrande e Bakhtin, o texto é:

> um evento comunicativo no qual convergem ações linguísticas, cognitivas e sociais (Beaugrande, 1997:10). Trata-se, necessariamente, de um evento dialógico (Bakhtin), de interação entre sujeitos sociais – contemporâneos ou não, copresentes ou não, do mesmo grupo social ou não, mas em diálogo constante. (Koch, 2002, p. 20)

Aqui, é pertinente que você compreenda que, conforme Koch (2002) ensina, o texto é, então, um evento comunicativo e dialógico por natureza, fundamentado na interação entre sujeitos histórico-sociais que estão sempre em busca do sentido, visto que tanto o ouvinte/leitor quanto o locutor/autor esperam que o texto faça sentido, ou melhor, que potencialize sentidos, já que o sentido nunca está pronto no texto, mas sempre em construção.

Assim, podemos dizer que o sentido não está no texto, isto é, para que um texto produza sentido, é preciso que o leitor o elabore com/a partir dele. Portanto, um texto não é coerente por si só, **ele se torna coerente**, já que a coerência não se atém apenas ao contexto, mas depende também de fatores cognitivos, discursivos (não estritamente linguísticos) e pragmáticos.

Segundo o que introduzimos desde o primeiro capítulo deste livro e com base no estudo de Muniz (2004), que é a principal base da presente seção temática, o autor/locutor/produtor tem um projeto de dizer, um objetivo, uma intenção ao produzir seu texto, intenção essa que nem sempre é apreendida pelo seu interlocutor, dado que a interpretação feita pelo leitor/ouvinte pode situar-se em vários níveis do *iceberg*, para usar uma metáfora de Koch (1998). O produtor do texto está sempre dando pistas para que seu interlocutor chegue às profundezas do *iceberg*, porém nem sempre isso é possível.

Por isso, o trabalho de Muniz (2004) alerta que não podemos nos ater "completamente" a questões do tipo: Qual era a intenção do autor ao produzir esse texto? Difícil resposta, a não ser que conheçamos o autor e possamos perguntar a ele. Mesmo que essa possibilidade exista, o texto também tem, a partir do momento em que entra no espaço público, certa autonomia. O que quer dizer isso? O texto apresenta marcas que vão guiando o leitor/ouvinte para uma possível interpretação, que o levam a mobilizar conhecimentos que não necessariamente têm de condizer com aquilo que o autor pretendia, ou ao que o professor ou o livro didático instituiu como sendo a leitura correta.

Chamamos atenção para esse fato, porque o texto não tem "a" leitura, uma única e factível possibilidade de fazer sentido. Acreditamos que o texto sempre está aberto a várias leituras. É verdade também que, ao mesmo tempo em que ele dá pistas que propiciam diversas interpretações, circunscreve um espaço de leituras possíveis. Está aberto, e não escancarado, como diz Marcuschi (2000, 2001, 2002), sempre nesse contínuo processo de abrir e fechar portas interpretativas.

Assim, o que temos é uma tríade possibilitadora de sentidos (produtor – texto – leitor/ouvinte), e é com essa tríade que a LT trabalha a prática de leitura e compreensão dos textos. Salientamos que nenhum elemento dessa tríade tem um valor maior que o outro; todos eles têm de ser levados em questão quando nos referirmos aos efeitos de sentido que um texto/discurso pode gerar.

Mas, afinal, por que um texto faz sentido para uns e não para outros? Essa pergunta é importante, pois o texto já foi tratado tanto em gramáticas quanto em manuais de redação, e por professores em suas salas de aula, como uma unidade mínima de sentido. Desse modo, texto diz respeito a sentido, uma vez que um leitor apenas sentencia que um texto é um texto se este fizer sentido para ele.

A questão do sentido é de fundamental importância. Segundo alguns pesquisadores sobre texto/discurso, principalmente os que se filiam à AD, a diferença primordial entre texto e discurso seria que o texto é a materialidade linguística do discurso, já que este estaria no nível semântico. Nessa linha de análise, as condições sócio-históricas de um texto não são algo secundário, mas constituem as próprias significações. O discurso torna possível fazer a ligação necessária entre o que faz parte do nível propriamente linguístico e do nível que chamamos de *extralinguístico* (Brandão, 2002).

Sobre o contexto, Koch (2002) afirma ser uma noção que varia conforme o tempo decorre e também de autor para autor. A autora defende que:

> *O contexto, da forma como é hoje entendido no interior da Linguística Textual abrange, portanto, não só o cotexto, como a situação de interação imediata, a situação mediata (entorno sociopolítico-cultural) e também o contexto sociocognitivo dos interlocutores que, na verdade, subsume os demais. Ele engloba todos os tipos de conhecimentos arquivados na memória dos actantes sociais, que necessitam ser mobilizados por ocasião do intercâmbio verbal [...]: o conhecimento linguístico propriamente dito, o conhecimento enciclopédico, quer declarativo, quer episódico (frames, scripts), o conhecimento da situação comunicativa e de suas "regras" (situacionalidade), o conhecimento superestrutural (tipos textuais), o conhecimento estilístico (registros, variedades de língua e sua adequação às situações comunicativas), o conhecimento sobre os variados gêneros adequados às diversas práticas sociais, bem como o conhecimento de outros textos que permeiam nossa cultura (intertextualidade).* (Koch, 2002, p. 24)

Se analisarmos a concepção de texto adotada por Koch e por Brandão, torna-se realmente difícil perceber até onde vai a linha que divide texto e discurso, caso essa linha divisória exista. Se o que divide essas duas noções for a questão do sentido, talvez seja interessante refletir sobre o que está na base da definição de sentido, lembrando sempre que estamos partindo do *lugar*, para usar um termo da AD, da LT.

Mais uma vez nos questionamos: Afinal, o que vem a ser coerência e por que um texto faz sentido para uns e não para outros? Quando pensamos em piadas, por exemplo, essa pergunta é bem apropriada; mais difícil, porém, é a resposta. Aqui cabe adiantarmos e prepararmos você para um conteúdo que será abordado no Capítulo 5: fatores não apenas e puramente linguísticos influem no processo de leitura e compreensão de um texto.

Conhecimentos partilhado e de mundo são fundamentais nesse processo. Embora em todo texto que lemos sobre inferência, compreensão, coerência, sentido, enfim, esses termos estejam presentes, não há certeza alguma se vamos ser compreendidos ou não, uma vez que estamos sempre fazendo suposições e antecipações sobre o conhecimento que nosso leitor/ouvinte tem para compreender nosso texto (algo que caracteriza os aspectos da interdiscursividade e da intertextualidade, que abordamos brevemente no tópico anterior).

De acordo com a pesquisa de Muniz (2004), um escritor/falante, ao produzir seu texto, **supõe** um conhecimento prévio por parte de seu interlocutor, ou seja, para introduzir elementos ou informações novas, ele, o produtor do texto, baseia-se e apoia-se em um conhecimento anterior, em uma informação que acredita já compartilhada por seu interlocutor/leitor. Segundo Marcuschi (1997), o partilhamento, quando subentendido como aquilo que os interlocutores dispõem em comum, torna-se uma espécie de **sistema de expectativas**, ou um **modelo de projeções** de sentidos. Nas palavras do autor, o partilhamento seria uma noção que fundamenta a expectativa da **identificabilidade**.

A noção de conhecimento de mundo implica algo ainda mais abrangente: são conhecimentos baseados em crenças, experiências, que vão construir não apenas um saber enciclopédico, mas também um saber cultural, adquiridos por meio do convívio social e da interação com o outro. Muitos desses conhecimentos encontram-se representados sob a forma de *frames*, *scripts*, ou seja, modelos cognitivos de que lançamos mão na leitura e na compreensão de textos mediante processos inferenciais.

O leitor/ouvinte apoia-se em pistas que são dadas nos textos para que estes possam produzir sentido(s) para ele. Essas pistas podem ser dadas por intermédio de elementos estritamente linguísticos presentes no texto ou, ainda, por meio do contexto no qual o discurso está inserido. O contexto, não só o imediato, mas o que circunscreve o texto em seu âmbito histórico-social, desempenha papel importante na construção de sentido para o texto. Ele possibilita identificar e analisar quais as pistas que estão implicitamente inscritas no discurso, que vão fazer o leitor inferir um, e não outro sentido.

A importância da contextualização da expressão linguística, materializada no texto/discurso, reside no fato de que este deve tornar-se algo mais do que uma junção de frases sintaticamente bem organizadas.

Ao nos referirmos ao contexto, também podemos utilizar a noção de Teun A. van Dijk (2006), quando ele o define como o conjunto de todas as propriedades da situação social que são sistematicamente relevantes para a produção, a compreensão ou o funcionamento do discurso e de suas estruturas. É importante, contudo, ressaltar que a concepção de contexto adotada não leva em consideração apenas o entorno político-social, mas também os conhecimentos/saberes que o constituem ou, como diria Marcuschi (2001), a cognição situada. Trata-se, portanto, de um contexto sociocognitivo, que, segundo Koch (2002, p. 17),

> *engloba todos os demais tipos de contextos, já que tanto o cotexto, como a situação comunicativa, imediata ou mediata, bem como as ações comunicativas e interacionais realizadas pelos interlocutores passam a fazer parte do domínio cognitivo de cada um deles, isto é, têm uma representação em sua memória, como acontece também com o contexto sócio-histórico-cultural.*

Possenti (1988, p. 116) complementa:

> *Argumentar que um texto impõe a seus leitores uma leitura única, sob pena de não entenderem sua razão de ser, não é a mesma coisa que dizer que o leitor é um receptor passivo de um texto, diante do qual só lhe resta a mera decodificação, isto é, o agenciamento puro e simples de seu conhecimento linguístico.*

O trabalho de Muniz (2004), ao examinar as concepções de texto postuladas pelas principais correntes que se propõem a estudar o fenômeno do discurso, e correndo o risco de estar simplificando muito, direciona-se para a opinião de que a questão da cognição, provavelmente, é a distinção principal que há entre a concepção de discurso adotada pela LT e pela AD. Obviamente, ambos os campos teóricos têm seus postulados epistemológicos diferentes, e isso se refletirá na conceituação de texto/discurso.

Ressaltamos que esta seção, assim como a base deste capítulo, a pesquisa de Muniz (2004), não pretende transformar LT e AD em uma coisa só: ao contrário, entendemos que a perspectiva sob a qual cada disciplina olha o objeto acaba por transformá-lo. Também acreditamos que, por estarmos tratando do mesmo objeto, embora com olhares diferentes, o interessante seria pensarmos não em uma dicotomização, mas em uma complementaridade, inclusive porque temos consciência de que muitas dessas posições tão ferrenhamente defendidas marcam mais uma posição política do que realmente uma posição contraditória em relação ao fenômeno que todos nós estudamos.

Para finalizar esta seção temática, destacamos uma constatação da pesquisa de Muniz (2004): o problema que está na base de todas essas questões diz respeito ao que entendemos por fazer linguística, o que remete às implicações de afirmar que esse trabalho se insere e é uma forma de descrever a "ciência" da linguística. Provavelmente, quando conseguirmos encontrar uma resposta minimamente consensual e que consiga englobar todos esses trabalhos denominados *linguísticos*, os fenômenos que propusemos explicitar neste capítulo não serão mais vistos como dicotômicos, e sim como diferentes faces de uma mesma moeda. Isto é, talvez essas questões sejam vistas como distintas possibilidades para encarar o fazer linguístico.

Síntese

O presente capítulo foi baseado e adaptado de uma parte do estudo de mestrado de uma das autoras deste livro, Muniz (2004).

Basicamente, abordamos quatro conteúdos principais: os aspectos da língua e a historicidade da noção de texto; o sujeito: a questão do discurso e as noções a ele correlatas; a interdiscursividade e a intertextualidade; a noção de texto e a noção de discurso. Desse modo, buscamos retratar os vínculos estabelecidos entre os elementos texto e discurso, a fim de possibilitar a compreensão do fenômeno da discursividade. Por essa razão, pautamo-nos nos diálogos interdisciplinares estabelecidos entre a LT e a AD, pois o objeto de estudo daquela é o texto, e desta, o próprio discurso.

Destacamos a importância da língua como uma prática social, e não um ato individual de um sujeito, e também de se seguir a tradição da língua como ação, e não como produto.

Trabalhamos a ideia de que a linguagem é uma atividade, um trabalho, um processo que se realiza na interação entre sujeitos, atores sociais, por intermédio de ações coletivas, que acontecem em processos sociais. Logo, conforme a filosofia da linguagem bakhtiniana, não podemos analisar o discurso sem considerarmos a situação na qual ele está inserido, já que todo discurso está sempre vinculado a alguma espécie de contexto socioideológico e marcado pelo discurso de outro(s).

Analisamos, ainda, os aspectos da interdiscursividade e da intertextualidade e as proximidades e as diferenças entre os dois conceitos. São dois conceitos que trabalham a relação entre discursos ou gêneros textuais (há também o conceito de intergenericidade) e a relação entre textos que são referidos ou retomados por outros.

Evidenciamos as noções de texto e discurso, ressaltando que os elementos texto e discurso não são sinônimos. No entanto, pelo ponto de encontro que estamos observando, nos diálogos estabelecidos entre a AD e a LT torna-se impossível dissociarmos esses dois elementos.

Sob a perspectiva da LT, apresentamos o elemento *texto* como um evento comunicativo e dialógico, fundamentado na interação entre sujeitos sócio-historicamente situados, os quais estão em busca de sentidos nos enunciados, uma vez que tanto o ouvinte/leitor quanto o locutor/autor de um texto esperam que este "faça sentido".

Assim, conforme o estudo de Muniz (2004), existe uma tríade possibilitadora de sentidos, a qual envolve produtor – texto – leitor/ouvinte. É com base nessa tríade que a LT examina a questão da prática de leitura e da compreensão dos textos. No entanto, salientamos que nenhum elemento dessa tríade tem um valor maior que o outro; todos eles precisam ser ponderados quando nos referirmos aos efeitos de sentido que um texto/discurso pode gerar. Já o elemento do contexto, não só o imediato, mas o que circunscreve o texto em seu âmbito histórico-social, vai desempenhar papel importante na construção de sentido para o texto. Ele possibilita identificar e analisar quais pistas estão implicitamente inscritas no discurso, que vão fazer o leitor inferir um, e não outro sentido.

Atividades de autoavaliação

1. Analise as afirmativas a seguir e indique V para as verdadeiras e F para as falsas.

( ) Os elementos *texto* e *discurso* são sinônimos.

( ) A linguística textual ou linguística de texto é o ramo da linguística que toma o texto como objeto de estudo.

( ) É possível afirmar que as áreas da LT e da AD têm um relacionamento bastante estreito, porque, ao abordar os elementos *texto* e *discurso*, a LT considera o texto como objeto de estudo, e a AD retrata o discurso.

( ) Atualmente, o aspecto da língua, tanto para a LT quanto para a AD, está muito longe de ser considerado uma espécie de prática social, pois a língua ainda é concebida como um produto.

( ) De acordo com Bakhtin, a enunciação não permite réplicas.

( ) No aspecto da historicidade da noção de texto, encaixa-se o fato de que é por meio de tudo aquilo que foi registrado no passado em textos orais, escritos etc. que são estipuladas as verdades, os padrões de comportamento, os valores, entre outras diretrizes que orientam uma vida social.

Agora, assinale a alternativa que apresenta a sequência correta:

a. F, F, V, V, F, F.
b. F, V, F, F, V, V.
c. V, F, V, F, V, F.
d. F, V, V, F, F, V.
e. F, V, V, F, V, F.

2. Assinale a alternativa que identifica a corrente de filosofia da linguagem descrita a seguir:

> Não é possível analisarmos o discurso sem considerarmos a situação na qual ele está inserido, uma vez que todo discurso está sempre vinculado a um contexto socioideológico e marcado pelo discurso de outrem.

a. Pragmática linguística.
b. Dialogismo bakhtiniano.
c. Filosofia analítica.
d. Marxismo.
e. Filosofia da linguagem corrente.

3. Analise as afirmativas a seguir e indique V para as verdadeiras e F para as falsas.

( ) O modelo de sujeito (re)inventado, sob o ponto de vista da LT e da AD, consiste na ideia de um sujeito que se coloca no que faz, no que fala, no que vive, mas que, por não viver isolado, é constituído também pelo outro.

( ) De acordo com a LT, o sujeito desempenha um papel ativo em suas escolhas, mas existem fatores que não estão sob o controle dele e que também as determinam.

( ) Contra-argumento é todo tipo de discurso de concordância e reforço a outros tipos de discursos.

( ) Os estudos do antropólogo Michel de Certeau descrevem um sujeito na história incapaz de transformar os embates constantes entre o que lhe é imposto e o que se pode fazer, entre instituição e transgressão.

( ) O contra-argumento caracteriza todo texto/discurso que vai contra, que rebate algum outro tipo de discurso e ideologia opositora.

( ) De acordo com a LT, um sujeito que reinventa seu cotidiano não pode transformar os embates constantes entre o que lhe é imposto e o que se pode fazer.

Agora, assinale a alternativa que apresenta a sequência correta:

a. F, F, V, V, F, F.
b. F, V, F, F, V, V.
c. V, V, F, F, V, F.
d. F, V, V, F, F, V.
e. F, V, V, F, V, F.

4. A respeito dos aspectos da interdiscursividade e da intertextualidade, **não** é possível afirmar:

a. O interdiscurso caracteriza tudo aquilo que é exterior ao sujeito.
b. O aspecto da intertextualidade manifesta-se quando há a presença de partes de outros textos prévios ao texto em questão.
c. O aspecto da enunciação é necessariamente intertextual, pois, no momento em que produzimos discursos e enunciados, espelhamo-nos em outros textos para construir o raciocínio lógico do discurso.
d. Os textos podem manifestar dois tipos de heterogeneidade nas relações intertextuais e interdiscursivas: a heterogeneidade mostrada ou a heterogeneidade constitutiva.
e. O aspecto da intertextualidade torna os textos incoerentes.

5. Analise as afirmativas a seguir e indique V para as verdadeiras e F para as falsas.

( ) Segundo a concepção de língua e sujeito da LT, o texto é concebido como uma reelaboração mental da realidade, de forma que fatores não apenas concernentes à língua, mas sociais, culturais e históricos vão influenciar essa reconstrução.

( ) De acordo com a LT, o discurso naturalmente é um evento comunicativo e dialógico fundamentado na interação entre sujeitos sócio-historicamente situados, os quais buscam encontrar sentidos nos enunciados, pois tanto o ouvinte/leitor quanto o locutor/autor sempre esperam que um texto "faça sentido".

( ) O sentido sempre está presente no texto e não depende do leitor para ser identificado.

( ) Para que um texto faça sentido, é preciso que o leitor o produza com/a partir dele, pois um texto não é coerente por si só, ele se torna coerente.

( ) É possível afirmar que todo texto apresenta indícios que guiam o leitor/ouvinte para uma eventual interpretação; são marcas, indícios textuais que estimulam no leitor/ouvinte a geração de conhecimentos que não necessariamente são condizentes com a intencionalidade do autor.

( ) É correto afirmar que o texto não tem "a" leitura, ou leitura única, ou somente "uma" possibilidade de fazer sentido, já que sempre estará aberto a várias leituras.

Agora, assinale a alternativa que apresenta a sequência correta:
a. F, F, F, V, V, V.
b. F, V, F, F, V, V.
c. V, V, F, V, V, F.
d. F, V, V, F, F, V.
e. F, V, V, F, V, F.

Atividades de aprendizagem

Questões para reflexão

1. Com base nas noções correlatas à temática de texto e discurso, explique qual é o vínculo estabelecido entre os elementos *texto* e *discurso*.

2. Como você entende o conceito de língua como prática social? Na sua opinião, em uma análise de texto, qual dos itens deveria ser mais considerado: o elemento *texto*, o elemento *discurso* ou ambos? Por quê?

Atividade aplicada: prática

1. Pesquise textos humorísticos de modo geral (piadas, charges, *cartoons* etc.), selecione um e, em seguida, desenvolva uma análise descritiva e interpretativa dos aspectos linguísticos, textuais e discursivos do gênero textual escolhido. Explique como os elementos linguísticos e discursivos causam os efeitos de humor e identifique como se manifestam os aspectos da interdiscursividade/intertextualidade presentes nesse texto.

Indicações culturais

BRANDÃO, H. N. **Introdução à análise do discurso.** 7. ed. Campinas: Ed. da Unicamp, 2002.

Esse livro é uma obra introdutória muito importante sobre AD. Nela, a autora aprofunda-se em muitas questões que abordamos neste livro, como discurso, noções de sujeito, memória e interdiscursividade.

KOCH, I. V. **Introdução à linguística textual:** trajetória e grandes temas. 2. ed. São Paulo: Contexto, 2015.

Vale a pena conferir esta obra para agregar mais conhecimentos a respeito do campo da LT. É um livro introdutório, e a autora é uma das pioneiras da área no Brasil. Ao longo do texto, você pode conferir uma perspectiva para a linguística distanciada da gramática tradicional.

MUNIZ, K. da S. **Piadas:** conceituação, constituição e práticas – um estudo de um gênero. 159 f. Dissertação (Mestrado em Linguística) – Universidade Estadual de Campinas, Campinas, 2004.

O objetivo geral dessa dissertação de mestrado consistiu em fornecer elementos para que a piada possa ser considerada um gênero do discurso. Apesar de esse estudo respaldar-se em uma ampla bibliografia situada na área da linguística textual, Muniz buscou estabelecer diálogos bastante estreitos com a análise do discurso e a pragmática, para assim desenvolver uma reflexão sobre gêneros do discurso e humor de modo geral. O corpus de análise desse estudo corresponde à seleção de inúmeras piadas recebidas por e-mail, com a colaboração de alunos graduandos e pós-graduandos da área de letras/linguística. Como resultado, por meio de alguns critérios avaliativos aplicados para análise, tal pesquisa constatou que nem todo texto classificado como gênero piada pode ser considerado como tal.

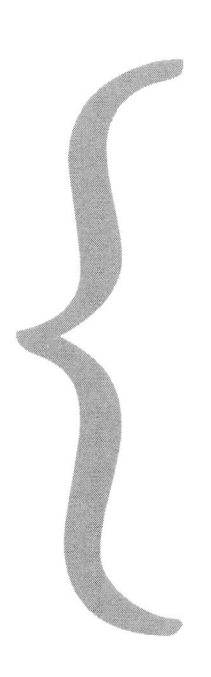

{

um   O campo de emergência político e linguístico
     da análise do discurso (AD):
     o estabelecimento dos estudos do discurso
     no campo dos estudos da linguagem

dois Sujeito e sentido, a mútua constituição:
      a constituição dos sujeitos e dos sentidos
      em perspectiva discursiva

três Texto e discurso – discursividade

quatro Os gêneros do discurso
e o campo da AD:
os gêneros do discurso/
texto como prática
histórico-cultural

cinco AD e a relação com o campo do ensino:
       as contribuições da AD para o trabalho
       com a linguagem

seis   Estudos do discurso: práticas e perspectivas
       contemporâneas

❰ DEPOIS DE TRATARMOS do campo da análise do discurso (AD) e de alguns conceitos essenciais para essa área, no capítulo anterior discutimos as noções de texto e discurso.

Neste capítulo, abordaremos as relações de confluência e divergências entre os gêneros do discurso e os gêneros textuais como prática histórico-cultural. Na primeira parte, analisaremos as aproximações e os distanciamentos entre texto e discurso e a questão da interação. Em seguida, apresentaremos as principais escolas dos estudos sobre texto e discurso, buscando mapear as escolas teóricas fundamentais sobre os gêneros discursivos e suas proposições.

quatropontoum
Discurso/texto e interação

Marcuschi (2001; 2002; 2008), bem como muitos outros autores, em vários de seus textos, afirmam que falamos, comunicamo-nos e interagimos por meio de textos. Seria, então, razoável dizer que não falamos ou escrevemos qualquer texto, para qualquer audiência, em qualquer situação comunicativa. Quando falamos ou escrevemos, sabemos que nosso texto deve adequar-se ao nosso interlocutor, à situação sociointerativa e à prática social em que nos encontramos – e é justamente aí que entram os gêneros. Os textos que produzimos encontram-se, de alguma forma, relacionados com outros, partilhando conteúdos, semelhanças composicionais e, até mesmo, coerções sociais. Isso acontece porque, dependendo da prática social em que estamos envolvidos, não utilizaremos indiferentemente uma receita ou um artigo científico para interagir com o outro, isto é, a posição discursivo-enunciativa em que nos encontramos vai determinar e ser determinada pelo gênero.

Maingueneau (1997) também chama a atenção para o fato de que interagimos por meio dos gêneros, ao discutir a questão do sujeito genérico. No discurso, "o indivíduo não é interpelado como sujeito, sob a forma universal do sujeito da enunciação, mas em um certo número de lugares enunciativos que fazem com que uma sequência discursiva seja uma alocução, um sermão" (Marandin citado por Maingueneau, 1997, p. 34).

Como uma crítica à tentativa da retórica antiga de empreender exaustivas classificações dos gêneros, Maingueneau (1997, p. 35) faz uma observação valiosa referente ao interesse de, em vez de criarmos tipologias, pensarmos nas coerções genéricas que propiciam o surgimento de um gênero:

> *Na via aberta pela pragmática, a tendência consiste em passar de uma concepção do gênero como conjunto de características formais, de procedimentos, a uma concepção "institucional" [...]. Isto não significa, evidentemente, que o aspecto formal seja secundário, mas apenas que é preciso articular o "como dizer" ao conjunto de fatores do ritual enunciativo. Não existe, de um lado, uma forma e, do outro, as condições de enunciação.*

Os discursos veiculados nos textos acabam por caracterizar o próprio gênero. Maingueneau (1997, p. 38) alerta: "O importante é não se limitar à constatação de que existe este ou aquele gênero, mas estabelecer a hipótese segundo a qual recorrer, preferentemente, a estes gêneros e não a outros é tão constitutivo da forma discursiva quanto o 'conteúdo'".

Os gêneros discursivos, para Maingueneau (1997, p. 36), mobilizam e implicam duas condições, a saber:

- *comunicacional:* [refere-se às próprias condições da enunciação em que o texto é produzido, ou seja, se é oral ou *escrito, em que meio será veiculado etc.] A cada gênero associam-se momentos e lugares de enunciação específicos e um ritual apropriado. O gênero, como toda instituição, constrói o tempo-espaço de sua legitimação. Estas não são "circunstâncias" exteriores, mas os pressupostos que o tornam possível;*

- *estatutário: [determinados gêneros, se não todos, só podem ser enunciados por quem pode fazê-lo e dirigido a um coenunciador específico também.] O gênero funciona como o terceiro elemento que garante a cada um a legitimidade do lugar que ocupa no processo enunciativo, o reconhecimento do conjunto das condições de exercício implicitamente relacionados a um gênero.*

Se reformularmos as considerações de Maingueneau (1997) sobre os gêneros discursivos, encontraremos bastante próxima a noção de gênero que subsidiará as reflexões que tencionamos fazer neste capítulo. Porém, antes que cheguemos a elas, convém tecer breves comentários a respeito das teorias existentes sobre os gêneros, para que possamos situar melhor nossa posição.

quatropontodois
Mapeamento teórico das principais escolas sobre os gêneros discursivos

O estudo dos gêneros vem sendo feito desde Platão e Aristóteles, mas o interesse pelos gêneros não se restringiu nem cessou com os estudos desses dois filósofos. Atualmente – entenda-se a partir da segunda metade do século XX, principalmente – poderíamos dizer que este tópico constitui uma das preocupações e das ocupações mais recorrentes nas vertentes linguísticas relacionadas ao estudo do texto e do discurso. A frequência de trabalhos nessa área está tão forte que podemos falar em escolas e teorias diferentes acerca dos gêneros, de tal forma que é preciso, em qualquer análise referente a esse tema, esclarecer à qual vertente a pesquisa se vincula, para não corrermos o risco de o estudo ser tachado de incoerente ou irrelevante. Hoje, reconhecemos cinco vertentes teóricas principais, a saber:

- Escola norte-americana na perspectiva de Miller:
    - Carolyn Miller (1984; 1994)
- Perspectiva sistêmico-funcionalista:
    - M. A. K. Halliday (1978)
    - Ruqaiya Hasan (1989)
    - Eija Ventola (1989)

- **Perspectiva anglo-americana swalesiana de análise de gêneros:**
    - John Swales
    - Vijay Bhatia (1993)
- **Visão enunciativa dos gêneros:***
    - Mikhail Bakhtin
- **Escola de Genebra:**
    - Jean-Paul Bronckart
    - Bernard Schneuwly
    - Joaquim Dolz

Essa classificação é a sugerida por Marcuschi (2002), porém é possível encontrarmos outros agrupamentos teóricos, como o sugerido por Gomes-Santos (2004). Para esse autor, os estudos sobre os gêneros hoje, no mundo, assim como no Brasil, apresentam-se da seguinte forma:

---

* É importante salientar que, embora tenhamos nos utilizado de Maingueneau para tecer algumas considerações iniciais sobre a questão dos gêneros, não podemos considerá-lo como uma escola. Se fôssemos pensar em alguma aproximação teórica segundo os grupos sugeridos por Marcuschi, seria com a escola de Bakhtin. Já Gomes-Santos (2004) situa Maingueneau nos estudos enunciativo-discursivos de extração francófona e estudos brasileiros de tendência similar, porque, segundo ele, nesse grupo estão os estudos filiados à AD francesa, área de saber da qual faz parte Maingueneau.

TABELA 4.1 – PERTENCIMENTOS TEÓRICO-DISCIPLINARES DA REFLEXÃO SOBRE O CONCEITO DE GÊNERO

Pertencimentos teórico-disciplinares	Nº de artigos científicos	%
1. Estudos em linguística textual ou análise da conversação e estudos brasileiros de tendência similar	37	23,6
2. Estudos anglófonos e estudos brasileiros de tendência similar	33	21
3. Estudos genebrinos e estudos brasileiros de tendência similar	27	17,2
4. Estudos enunciativo-discursivos de extração francófona e estudos brasileiros de tendência similar	29	18,5
5. Outros pertencimentos teórico-disciplinares	31	19,7
TOTAL	157	100

FONTE: Gomes-Santos, 2004, p. 63.

Não pretendemos destrinchar todas essas teorias, mas sim situar o(a) leitor(a), ao menos resumidamente, com relação aos principais expoentes de cada grupo e, depois, quanto à perspectiva que será adotada neste livro, para que sejam vislumbradas as sutis semelhanças/diferenças entre uma abordagem e outra.

Segundo a escola norte-americana na perspectiva de Miller (1984; 1994), os gêneros são artefatos culturais que se realizam por meio de sua dimensão pragmática, em uma comunidade retórica que seria

> *precisamente essa entidade virtual, uma projeção discursiva, um construto retórico. É a comunidade tal como invocada, representada, pressuposta ou desenvolvida no discurso retórico. É constituída pelas atribuições de ações retóricas comuns, característica, gêneros de interação, modos de produzir ações, incluindo a autorreprodução.* (Miller, citada por Marcuschi, 2002, p. 3)

É uma teoria que tenta estabelecer uma ponte entre a realização individual, observável, de um lado, e a cultura, instituição, sociedade, por outro. É uma tentativa de fazer uma ligação no "fosso existente entre a teoria da ação e a análise institucional" (Miller, 1994, citada por Marcuschi, 2002, p. 5). Nessa revisão de 1994, Miller preocupa-se em definir um termo-chave para sua noção de gênero como um artefato cultural: *cultura*. O cuidado em definir o termo, neste trabalho, deve-se ao fato de que, em seu primeiro texto, Miller (1984) deixou em aberto o que ela entendia por cultura. Para estabelecer e defender essa estreita ligação entre cultura e gênero, e como os gêneros vão assumir características peculiares e singulares a depender da cultura em que estão inseridos, Miller define *cultura* como "'um modo particular de vida' de um tempo e um lugar, em toda a sua complexidade experimentada por um grupo que entende a si próprio como um grupo identificável" (Miller, 1994, citada por Marcuschi, 2002, p. 5).

Já a **perspectiva sistêmico-funcionalista**, liderada por Halliday, define uma relação estreita entre texto-gênero-contexto de situação. É uma abordagem semiológica, na qual o contexto social, com suas multifunções, vai configurar contextualmente o texto. Para os hallidianos, o texto caracteriza-se por sua estrutura e textura, por isso o gênero seria justamente uma das propriedades dessa textura, estando ligado aos aspectos discursivo e social. Na verdade, trata-se mais de uma estrutura genérica, que seria

> *externa ao sistema linguístico: é linguagem enquanto projeção de uma estrutura semiótica de nível mais alto. Ela não é simplesmente um traço dos gêneros literários; há uma estrutura genérica em todos os discursos, incluindo a conversação espontânea informal. A noção de estrutura genérica pode ser posta no interior do quadro teórico geral da noção de registro, que é o padrão semântico caracteristicamente associado ao 'contexto de situação' de um texto.* (Halliday, 1978, citado por Muniz, 2004, p. 34)

Nessas duas teorias, podemos observar uma diferença crucial: embora ambas ressaltem a importância do social, Miller parte da ação social como integrada às relações que se estabelecem na organização de uma sociedade; já os hallidianos tipificam, formalizam essas relações por meio de seu conceito de situação-tipo, chegando a ponto de afirmar, com relação à estrutura genérica (gêneros), que "é possível expressar o leque completo de elementos obrigatórios e opcionais e sua origem, de tal modo a exaurir as possibilidades de estruturação textual de cada texto que pode ser adequado a uma CC (Configuração Contextual)" (Hasan, 1989, citada por Muniz, 2004, p. 34). Isso seria o que Miller chama de *estrutura genérica potencial*, uma espécie de modelo que estaria presente em todos os gêneros.

Marcuschi, ao situar Swales na **perspectiva de análise de gêneros**, sintetiza bem o propósito desse autor. Mais que teorizar e contribuir para toda essa discussão sobre gêneros, propondo novas formas de pensar essa questão, Swales preocupou-se, em seu famoso livro de 1990, *Genre Analysis: English in Academic and Research Settings*, em construir uma ponte entre a teoria e a efetiva análise e aplicação dos gêneros. Em seu caso, privilegiou e elaborou todo o seu arcabouço teórico sobre o gênero acadêmico, visando ao ensino da língua inglesa. Para viabilizar esse estudo, ele propôs as noções de **comunidade discursiva, gênero e tarefas**, que ora são trazidas à tona para ser ratificadas, ora para ser refutadas (Bhatia, 1993). Assim, é

> *o propósito comunicativo que vai operar como um elo de ligação entre essas três noções, uma vez que para esse autor é o propósito comunicativo que conduz as atividades linguísticas da comunidade discursiva; é o propósito comunicativo que serve de critério prototípico para a identidade do gênero e é propósito comunicativo que opera como o determinante primário da tarefa.* (Swales, 1990, citado por Muniz, 2004, p. 34-35)

Para nós, a noção de propósito comunicativo é interessante porque pode auxiliar a definir gêneros que são híbridos, mas, por ora, vamos nos ater às noções de comunidade discursiva e gênero, mais representativas na teoria swalesiana. Em artigo de 1992, Swales revê sua noção de comunidade discursiva (CD) de 1990, a fim de responder às críticas de que os critérios por ele mencionados para definir uma CD eram utópicos, por supor uma homogeneidade e estabilidade impossível em qualquer grupo, por mais afinidades acadêmicas, sociais, ideológicas que apresentem. Em 1990, ele havia estabelecido os seguintes critérios para uma CD:

> 1) *Possui um conjunto de objetivos públicos comuns amplamente aceitos;*
>
> 2) *Possui mecanismos de intercomunicação entre seus membros;*
>
> 3) *Usa mecanismos de participação principalmente para prover informação e feedback;*
>
> 4) *Utiliza e portanto possui um ou mais gêneros para a realização comunicativa de seus objetivos;*
>
> 5) *Admite membros com um grau adequado de conhecimento relevante e perícia discursiva.* (Swales, 1990, citado por Muniz, 2004, p. 35)

No artigo de 1994, ele repensa esses critérios e os altera, com exceção do segundo, pois, de acordo com Swales (1992, citado por Muniz, 2004, p. 35), "sem mecanismos, não há comunidade". Na tentativa de elaborar parâmetros que digam respeito a um mundo mais complexo e obscuro, nas palavras do autor, em detrimento dos outros que supunham, segundo seus críticos, um mundo com relações transparentes e sem conflitos, ele estabeleceu esses novos critérios:

> 1) *Uma comunidade discursiva possui um conjunto perceptível de objetivos. Esses objetivos podem ser formulados pública e explicitamente e também ser no todo ou em parte estabelecidos pelos membros; podem ser consensuais; ou podem ser distintos, mas relacionados;*
>
> 2) *Uma comunidade discursiva possui mecanismos de intercomunicação entre seus membros;*
>
> 3) *Uma comunidade discursiva usa mecanismos de participação para uma série de propósitos: para prover o incremento da informação e do feedback; para canalizar a inovação; para manter os sistemas de crenças e de valores da comunidade; e para aumentar seu espaço profissional;*
>
> 4) *Uma comunidade discursiva utiliza uma seleção crescente de gêneros no alcance de seu conjunto de objetivos e na prática de seus mecanismos participativos. Eles frequentemente formam conjuntos ou séries (Bazerman);*
>
> 5) *Uma comunidade discursiva já adquiriu e ainda continua buscando uma terminologia específica;*
>
> 6) *Uma comunidade discursiva possui uma estrutura hierárquica explícita ou implícita que orienta os processos de admissão e de progresso dentro dela.* (Swales, 1992, citado por Muniz, 2004, p. 35)

Embora proponha novos critérios, o autor tem o cuidado de deixar claro que eles ainda não recobrem toda a complexidade de uma comunidade, contudo, mesmo assim, é um conceito que pode auxiliar a entender a problemática dos gêneros, já que tem um caráter extremamente interdisciplinar, além de refletir características sociodiscursivas de uma comunidade, um dos critérios para definirmos um gênero. Não vamos tentar estabelecer uma ligação entre essa noção de comunidade discursiva com a de comunidade de práticas ou a de comunidade de fala.

Interessante talvez seja chamarmos a atenção para o fato de que, assim como Miller (1984; 1994), com sua noção de comunidade retórica, Swales também repensa sua teoria, bem como estabelece uma estreita ligação entre a noção de comunidade e a de gênero, deixando entrever mais uma vez que, ao se falar de gêneros, não podemos pensar apenas em forma, mas também em cultura, interação, sociedade e discurso e como todos esses aspectos, de certa forma conjugados e integrados, vão incidir sobre o gênero. Marcuschi (2002), contudo, alerta que Swales, às vezes, parece opor-se a uma abordagem sociointerativa, principalmente quando trata da noção de tarefa.

A visão enunciativa dos gêneros e a da escola de Genebra serão vistas em duas partes. A primeira é a representada por Schneuwly e Dolz. Das cinco apontadas anteriormente segundo os estudos de Marcuschi, é a corrente mais voltada para o ensino de línguas (que será tema do Capítulo 5). Resumidamente, podemos dizer que essa escola sofre influência dos estudos sobre desenvolvimento da linguagem, em especial dos pensamentos de Lev Vygotsky, importante pensador sobre o desenvolvimento intelectual da criança. Para Schneuwly e Dolz, o gênero textual funcionaria como um instrumento por meio do qual seriam construídos os suportes para as atividades nas situações de comunicação. As proposições desses autores, além de dialogarem com as teorias de aprendizagem de Vygotsky, têm estreita relação com Bronckart e Bakhtin. Em virtude disso, os principais conceitos e direcionamentos sobre os gêneros propostos por Bronckart e Bakhtin, dos dois últimos grupos anteriormente relacionados, serão discutidos a seguir.

quatropontotrês
Gênero textual *versus* gênero do discurso

Até agora, apresentamos concepções de gêneros que poderiam ser chamadas de *textuais*, uma vez que postulam fortemente a importância da conceituação e posterior análise de textos para pensarmos a questão dos gêneros, principalmente as concepções dos americanos e dos ingleses, já que os franceses preferem utilizar o termo *discurso*. Tanto Miller quanto os hallidianos atrelam a noção de texto à de gênero, embora seja possível contra-argumentar dizendo que todos fazem isso: o que vai mudar, realmente, é a concepção de texto em cada teoria. Isso já nos traz um problema porque, por supor que é uma noção tranquila, os autores não se propõem a esmiuçar a que subsidia suas reflexões sobre os gêneros. Associamos Halliday, Miller e Swales à **terminologia** de gêneros textuais apenas porque os autores citados mencionam mais a palavra *texto*, principalmente Halliday, do que *discurso*, embora a linha divisória entre uma noção e outra, ou melhor, entre uma terminologia e outra seja bastante tênue. Um autor cuja obra está na origem da questão dos gêneros e quebra um pouco com essa "primazia" do texto, nem que seja por uma questão terminológica, é Bakhtin.

Como sinalizamos em outros capítulos, chamamos atenção para essa questão porque pretendemos discutir ou, em uma perspectiva menos pretensiosa, levantar algumas perguntas a respeito dessa questão terminológica, para que possamos analisar se se trata de falar da mesma coisa com nomes diferentes, ou se os postulados teóricos subjacentes às terminologias as tornam de fato diferentes e até contraditórias. A nossa indagação é se há implicações teóricas na adoção de uma terminologia diferente, no caso, se os gêneros são textuais ou discursivos, ou se estamos tratando do mesmo fenômeno. Um de nossos questionamentos, como mencionamos anteriormente, é que, se o trabalho vincula-se a uma teoria textual ou se enquadra em uma teoria discursiva, da qual Bakhtin, de quem falaremos a seguir, é o maior representante, não só as bases teóricas, mas principalmente as análises serão de naturezas diversas. Também discutiremos se é impossível uma ponte teórica entre essas distintas concepções, ou se é factível tomar uma terminologia pela outra.

Vamos considerar a diferença principalmente na análise, porque desconfiamos estar aí a grande e principal distinção entre as teorias. Baseando-nos apenas nas concepções de texto e discurso, como as que apresentamos no Capítulo 3, fica realmente difícil vislumbrar e identificar uma diferença tão crucial entre as teorias ditas *textuais* e as ditas *discursivas*. Vários autores distinguem texto e discurso, principalmente os filiados à AD ou a uma perspectiva enunciativa. Assim, apenas para reforçar o quanto essas noções se integram, para não dizermos se diluem, na LT, citaremos uma distinção que Marcuschi faz dessas duas noções. Quanto ao texto, o autor diz:

> *Trata-se, num primeiro momento, do objeto linguístico visto em sua condição de organicidade e com base em seus princípios gerais de produção e funcionamento em nível superior à frase e não preso ao sistema da língua; é ao mesmo tempo um processo e um produto, exorbita o âmbito da sintaxe e do léxico, realiza-se na interface com todos os aspectos do funcionamento da língua, dá-se sempre situado e envolve produtores, receptores e condições de produção e recepção específicas. Em essência, trata-se de um evento comunicativo em que aspectos linguísticos, sociais e cognitivos estão envolvidos de maneira central e integrada, como observou Beaugrande (1997).* (Marcuschi, 2002, p. 4)

E, quanto ao discurso, o autor afirma:

> *De uma maneira geral, o discurso diz respeito à própria materialização do texto e é o texto em seu funcionamento sócio-histórico; pode-se dizer que o discurso é muito mais o resultado de um ato de enunciação do que uma configuração morfológica de encadeamentos de elementos linguísticos, embora ele se dê*

na manifestação linguística. É uma materialidade de sentido. De certo modo a opacidade histórica e linguística do texto é explicada por uma teoria do discurso, da língua, do inconsciente e da ideologia, articulados sistematicamente. (Marcuschi, 2002, p. 4)

De certa forma, Marcuschi (2002) procura delinear uma diferença e, com isso, aproxima-se, principalmente quando define discurso, da concepção defendida por alguns autores da AD, visto que postula como ponto-chave de distinção a questão do sentido. No entanto, como já discutimos, a finalidade do texto é justamente a produção de sentidos que podem advir dele, de modo que diferenciar *texto* de *discurso* com base nesse critério, a nosso ver, não é muito sustentável. Admitimos, contudo, que as duas noções guardam certas diferenças, o que se deve, no entanto, muito mais a uma questão metodológica do que conceptual. Bakhtin (1990, p. 124) propõe uma metodologia para analisarmos a língua, denominada por Rojo (2002, p. 14) como "método sociológico de análise do enunciado (leia-se também, texto)". A ordem sugerida por Rojo é a seguinte:

- Análise das formas e dos tipos de interação verbal em ligação com as condições concretas em que o enunciado se realiza.
- Análise das formas das distintas enunciações, dos atos de fala isolados, em ligação estreita com a interação de que se constituem os elementos, isto é, as categorias de atos de fala na vida e na criação ideológica que se prestam a uma determinação pela interação verbal.

- Exame das formas da língua em sua interpretação linguística habitual.

É nessa mesma ordem que se desenvolve a evolução real da língua: as relações sociais evoluem (em razão das infraestruturas), depois a comunicação e a interação verbais evoluem no quadro das relações sociais, as formas dos atos de fala evoluem em consequência da interação verbal, e o processo de evolução reflete-se, enfim, na mudança das formas da língua.

O movimento de análise que as correntes ligadas ao texto e ao discurso realizam ocorre de forma contrária: nas teorias discursivas, a análise é feita *top-down*, ou seja, partimos da situação, do já dito, para a materialidade do texto; nas teorias textuais, ocorre o contrário: partimos do texto para recorrer ao contexto não só imediato, como sócio-histórico, a fim de verificar qual(is) o(s) sentido(s) que o texto procura, com sua materialidade, sugerir. Poderíamos dizer, correndo o sério risco de simplificarmos bastante a questão, que nas teorias discursivas o sentido é, *a priori*, preexistente ao texto; já para a LT, o sentido se verifica *a posteriori*. Não acreditamos que o sentido já esteja posto, pré-construído, mas sim que ele é produzido a partir ou, melhor, conjuntamente com o texto, da situação sócio-histórica-interacional, do produtor e do(s) possível(is) interlocutor(es) do texto.

Rojo (2002), em artigo intitulado "Gêneros do discurso e gêneros textuais: questões teóricas e aplicadas", também se preocupa com essas questões terminológicas e propõe um questionamento semelhante ao nosso: "será que quando enunciamos, aparentemente indiferentemente, as designações *gêneros do discurso* (ou *discursivos*) ou *gêneros textuais* (ou *de texto*) estamos significando o mesmo objeto teórico ou objetos, ao menos, semelhantes?" (Rojo, 2002, p. 3)

Com o intuito de responder a essa indagação/inquietação, a autora baseia-se nas teorias discursivas, entenda-se as relacionadas a Bakhtin, e, nas teorias textuais, enquadradas no que ela **supõe ser a LT**. Enfatizamos *supõe ser a LT* porque Rojo (2002) fundamenta-se, para realizar suas críticas, e não comparações, em uma LT de décadas atrás, que concebia o texto como produto acabado e que apenas se detinha à análise das marcas linguísticas e composicionais, como mostra a citação a seguir.

> *Os trabalhos que estou classificando como adotando uma Teoria de Gêneros de Texto tinham tendência a recorrer a um plano descritivo intermediário – equivalente à estrutura ou forma composicional – que trabalha com noções herdadas da Linguística Textual (tipos, protótipos, sequências típicas etc.) e que integrariam a composição dos textos do gênero. A outra vertente, a dos Gêneros Discursivos, tendia a selecionar os aspectos da materialidade linguística determinados pelos parâmetros da situação de enunciação – sem a pretensão de esgotar a descrição dos aspectos linguísticos ou textuais, mas apenas ressaltando as "marcas linguísticas" que decorriam de/produziam significações e temas relevantes no discurso.* (Rojo, 2002, p. 5)

Mais uma vez, está presente no texto de Rojo uma atitude que já se tornou hábito dos teóricos da AD quando querem criticar a LT. Geralmente, tendem a reduzir toda a concepção e todo o trabalho que realizamos com o texto/discurso apenas a uma questão de análise da estrutura textual (que é importante, deixemos claro), como se fazia décadas atrás. Apesar desse fato, achamos interessante encontrar um nome tão expressivo como essa autora quando o assunto é gêneros no Brasil, que se preocupe também com essa problemática terminológica, embora tenhamos chegado a conclusões diferentes. Para Rojo (2002), trata-se de fenômenos diferentes, cremos, porém, que os argumentos levantados não são suficientemente fortes para resolver essa problemática, ao menos para nós. Assim, firmando-nos justamente na concepção de texto/discurso adotada, acreditamos que a diferença terminológica reside muito mais no fato de as teorias adotarem pressupostos teóricos e, principalmente, metodologias diferentes do que na referência a fenômenos, objetos diferentes. Como mostramos antes, o percurso de análise é o que vai determinar essa ou aquela terminologia, uma vez que, como a LT parte do texto para o discurso, a AD parte do discurso para o texto.

quatropontoquatro
A perspectiva bakhtiniana de discurso

A perspectiva bakhtiniana de língua e enunciado como fenômenos dialógicos por natureza e sócio-historicamente determinados vai nortear toda a teoria e, claro, a noção de gênero discursivo. Para que fique mais clara essa noção, é importante e interessante observar a relação que Bakhtin estabelece entre enunciado e gênero, uma vez que o enunciado é tido como irrepetível, individual, único, ao passo que os gêneros são relativamente estáveis, quase impessoais, já que históricos. Daí surge sua definição de gênero: "cada campo de utilização da língua elabora seus **tipos relativamente estáveis** de enunciados, sendo isso que denominamos **gêneros do discurso**" (Bakhtin, 2016, p. 12, grifo do original).

Essa citação de Bakhtin provavelmente é mais conhecida e citada do que tudo o mais que ele escreveu sobre gêneros, mas chamamos a atenção para o fato de que, já em *Marxismo e filosofia da linguagem*, ele e seu círculo se preocupavam e escreviam sobre essa questão, como bem lembra Rojo* (2002, p. 11, grifo do original):

> *Algumas abordagens anteriores a este texto, por exemplo Bakhtin (1934-1935), dizem mais sobre o que são e como funcionam os gêneros e de maneira mais aprofundada e concreta.*

---

* O texto a que Rojo se refere é o de 1953/1979.

> Mas, desde o início as ideias sobre esse tema estavam lá: não tinham ainda se decidido a adotar o mesmo termo do Formalismo Russo e da Teoria Literária (gêneros) – usavam outros termos como formas de discurso (social), forma de enunciação etc.

De fato, é possível encontrar no texto de Bakhtin referência à questão dos gêneros, no entanto não exatamente usando esse termo herdado da teoria literária. Embora Bakhtin se refira a *gêneros* em seu sentido artístico também, ao discutir como se relaciona o discurso citado e o contexto narrativo nos romances, só percebemos que ele sai do âmbito da arte e se estende para uma reflexão mais linguística quando fala de gêneros linguísticos*.

Bakhtin continua a falar sobre os gêneros, agora não mais literários, mas linguísticos, só que, para isso, vai se utilizar de termos como *formas de discurso, formas de comunicação* ou, ainda, *formas de enunciação*. A questão é saber se todos esses termos se referem a gêneros.

> A este respeito faremos simplesmente a seguinte observação: cada época e cada grupo social têm seu repertório de formas de discurso na comunicação socioideológica. A cada grupo de formas pertencentes ao mesmo gênero, isto é, a cada forma de discurso social, corresponde um grupo de temas. Entre as formas de comunicação (por exemplo, relações entre colaboradores num contexto puramente técnico), a forma de enunciação

---

* Em 1953, Bakhtin dedicou um capítulo do livro *Estética da criação verbal* para falar sobre enunciação, enunciado e gênero.

("respostas curtas" na "linguagem de negócios") e enfim o tema, existe uma unidade orgânica que nada poderia destruir. Eis porque a classificação das formas de enunciação deve apoiar-se sobre uma classificação das formas da comunicação verbal. Estas últimas são inteiramente determinadas pelas relações de produção e pela estrutura sociopolítica. (Bakhtin, 1997, p. 43, grifo do original)

Difícil afirmar com convicção se realmente se trata da mesma coisa quando ele escreve *gênero, formas de discurso* e *forma de enunciação*. O que podemos depreender dessa citação é certa hierarquização, que é inclusive enfatizada por ele, quando diz que, antes de pensarmos em uma classificação para as formas de enunciação (gênero?), primeiramente devemos pensar na classificação das formas de comunicação verbal. Também podemos entrever, mais uma vez, a reafirmação da importância de considerarmos o contexto socioideológico no qual os discursos, e por que não dizer, os gêneros emergem e se afirmam. É possível também vislumbrarmos uma antecipação da definição e das características que, segundo ele, um gênero discursivo tem, ou seja, conteúdo, forma e estilo. Bakhtin, ao abordar a psicologia do corpo social, já sinaliza uma ponte para a questão dos gêneros. Como estamos no campo das especulações e associações entre suas reflexões de 1929, talvez seja possível perceber essa ligação quando ele diz que:

> *A psicologia do corpo social se manifesta essencialmente nos mais diversos aspectos da "enunciação" sob a forma de diferentes modos de discurso, sejam eles interiores ou exteriores. Este campo não foi objeto de nenhum estudo até hoje. [...] [...] a psicologia do corpo social deve ser estudada de dois pontos de vista diferentes: primeiramente, do ponto de vista do conteúdo, dos temas que aí se encontram atualizados num dado momento do tempo; e, segundo lugar, do ponto de vista dos tipos e formas de discurso através dos quais estes temas tomam forma, são comentados, se realizam, são experimentados, são pensados etc.* (Bakhtin, 1997, p. 42)

Não é difícil estabelecer uma conexão entre as reflexões que Bakhtin faz sobre a psicologia do corpo social e sua forma de concretização nas interações verbais com sua teoria sobre os gêneros, principalmente porque, mais uma vez, notamos reiterada a relação hierárquica que apontamos anteriormente. Está presente nessa citação o contexto social, concretizado na interação verbal, que, por sua vez, vai ocorrer por meio da eleição de conteúdos, temas relevantes para cada situação de interação. Esses temas assumem tipos, formas de discurso, que nada mais seriam que os gêneros, visto que encontramos as três dimensões anteriormente mencionadas as quais, segundo Bakhtin, estão presentes nos gêneros. Vejamos:

* os temas – conteúdos ideologicamente conformados – que se tornam comunicáveis (dizíveis) através do gênero;
* os elementos das estruturas comunicativas e semióticas compartilhadas pelos textos pertencentes ao gênero (forma composicional); e
* as configurações específicas das unidades de linguagem, traços da posição enunciativa do locutor e da forma composicional do gênero (marcas linguísticas ou estilo). (Rojo, 2002, p. 13)

Enfatizamos a teoria acerca não apenas do gênero, mas da língua de Bakhtin, porque pretendemos operacionalizar essas concepções conforme as considerações que ora tecemos sobre gêneros. Dois autores em especial podem nos auxiliar nesse propósito: Bakhtin, com sua proposta teórica, e Marcuschi (1997; 2000; 2001; 2002; 2008). Para este último, os gêneros são eventos linguísticos empiricamente realizados, ou seja, histórica e socialmente situados, responsáveis por uma **estruturação textual característica**. Ainda segundo Marcuschi, os gêneros textuais estão classificados em um contínuo tipológico, assim como a fala e a escrita, no qual os textos se distribuem de acordo com as condições de produção e o grau de formalidade existente entre eles.

Marcuschi não se preocupou em determinar uma dicotomia entre gênero textual e discursivo, apesar de ter proposto duas definições diferentes para texto e discurso, como mostramos anteriormente. Em seus textos, ele procura adotar a terminologia *gênero textual*, embora não descarte a denominação *teorias discursivas*. A adoção do termo *gênero textual*, acreditamos, ocorre pela inserção do autor na perspectiva teórica da LT e também porque, cônscio da recente popularidade dos estudos sobre gêneros, tem conhecimento da profusão de teorias e terminologias a respeito. Sobre isso, ele diz:

> *Diante desse interesse, pode-se dizer que ao tamanho das preocupações também corresponde uma tamanha profusão de terminologias, teorias e posições a respeito da questão. Em princípio isso seria muito bom se não fosse desnorteante. É quase impossível hoje dominar com satisfatoriedade a quantidade de sugestões para o tratamento dos gêneros textuais.* (Marcuschi, 2002, p. 2)

Em meio a tantas propostas e abordagens, Marcuschi procura situar-se no interior das teorias que pensam a relação entre tipos e gêneros, estabelecendo uma relação de complementaridade entre essas duas noções. Para ele, famílias de textos constituem um gênero, e este realiza uma (ou mais) sequência textual típica. Apesar da tentativa de Marcuschi de tornar mais nítida a relação, ao mesmo tempo, de atração e repulsa entre tipos e gêneros textuais, é muito comum haver certa confusão entre essas duas noções. Não é raro ouvir professores e até estudiosos dessas questões referirem-se a cartas, reportagens, receitas culinárias, entre outros gêneros, como *tipos*.

Essa confusão entre tipos e gêneros textuais não atinge apenas os autores brasileiros; na verdade, nós "importamos" esse problema ao vermos a quantidade de termos utilizados para discutir os gêneros. Bronckart (1999) percebe a profusão de terminologias e atribui isso à dificuldade de identificação e classificação dos gêneros e ao fato de estes mobilizarem segmentos linguísticos específicos e, muitas vezes, diversos, em um mesmo gênero, como também afirma Marcuschi. Como um gênero não pode ser classificado com base apenas em critérios linguísticos, válidos para as sequências (entenda-se tipo textual) que o constituem, Bronckart (1999, p. 75) defende uma noção de gênero que seja abrangente e, por isso mesmo, vaga, em razão de seu caráter de difícil classificação, que gera tanta confusão terminológica e "que faz sobreporem-se as expressões de gênero de texto, gênero de (ou do) discurso, tipo de texto, tipo de discurso etc.". Na tentativa de lançar uma luz sobre tantas trevas, ele propõe definir *texto* como:

> *toda unidade de produção de linguagem situada, acabada e autossuficiente (do ponto de vista da ação ou da comunicação). Na medida em que todo texto se inscreve, necessariamente, em um conjunto de textos ou em um gênero, adotamos a expressão **gênero de texto** em vez de gênero de discurso. Enquanto, devido à sua relação de interdependência com as atividades humanas, os gêneros são múltiplos, e até mesmo em número infinito, os segmentos que entram em sua composição (segmentos de relato, de argumentação, de diálogo etc.) são em número finito, podendo, ao menos parcialmente, ser identificados por suas características linguísticas específicas. [...] Esses diferentes segmentos que entram na composição de um gênero são produto de um trabalho particular de semiotização ou de colocação*

em forma discursiva e é por essa razão que serão chamados de discursos, de agora em diante. Na medida em que apresentam fortes regularidades de estruturação linguística, consideraremos que pertencem ao domínio dos tipos; portanto, utilizaremos a expressão tipos de discurso *para designá-los, em vez da expressão tipo textual.* (Bronckart, 1999, p. 75-76, grifo do original)

Como podemos perceber, o autor, em sua tentativa de diminuir a confusão terminológica, oscila entre termos textuais e discursivos, gerando mais problema que solução. Não sabemos se é possível ou se é desejável uma "solução" para essa questão terminológica; existem postulados epistemológicos diversos e também escolhas e aproximações teóricas que, em algum momento, trarão essa diversidade, o que, de forma alguma, é ruim para os estudos que se propõem a pesquisar a questão dos gêneros, em razão da interdisciplinaridade presente nesses estudos. Ao trazermos essa discussão, pretendemos apenas levantar alguns questionamentos que, como vimos, não eram apenas nossos e também justificar, de alguma maneira, nossa escolha em não selecionar uma terminologia específica. Com essas considerações, e também pelo fato de Bronckart (1999) oferecer uma definição um pouco estanque de texto, concebendo-o como algo **acabado e autossuficiente**, sob a perspectiva de produto, e não de processo, que é a concepção com que trabalhamos neste livro, adotaremos o ponto de vista de Marcuschi no que se refere aos gêneros, porque, além de sua definição se aproximar daquela de Bakhtin, autor que também pretendemos tomar como base de nossas reflexões, aborda os gêneros sob o prisma dos estudos sociocognitivos, uma vez que Marcuschi parte da LT para fazer suas considerações.

Marcuschi, para ampliar um pouco sua definição de gêneros, de modo a abarcar as contribuições teóricas de autores como Miller (1994), Bronckart (1999), os pesquisadores alemães, entre outros, mas principalmente Bakhtin, assim define *gênero*:

> *Trata-se de textos orais ou escritos materializados em situações comunicativas recorrentes. Os gêneros textuais são os textos que encontramos em nossa vida diária com padrões sociocomunicativos característicos definidos por sua composição, objetivos enunciativos e estilo concretamente realizados por forças históricas, sociais, institucionais e tecnológicas. Os gêneros constituem uma listagem aberta, são entidades empíricas em situações comunicativas e se expressam em designações tais como: sermão, carta comercial, carta pessoal [...] e assim por diante. Como tal, os gêneros são formas textuais escritas ou orais bastante estáveis, histórica e socialmente situadas.* (Marcuschi, 2002, p. 11-12)

Marcuschi retoma essa visão em texto de 2008, reiterando a questão do gênero como materialização de textos orais ou escritos em situações comunicativas, identificáveis por "padrões sociocomunicativos característicos definidos por composições funcionais, objetivos enunciativos e estilos" (Marcuschi, 2008, p. 155), os quais são marcados por elementos históricos e sociais.

Resta salientarmos que, embora Marcuschi deixe entrever que gênero é texto ou uma família de textos, acreditamos que os gêneros vão além disso. Por isso, decidimos recorrer também à perspectiva bakhtiniana, apesar de alguns defenderem (Rojo, 2002) que essas teorias são excludentes. Em virtude da noção de texto/discurso que estamos adotando neste livro, cremos ser possível trabalhar com ambas as teorias, inclusive porque, como dissemos anteriormente, Marcuschi não apenas faz uso, mas incorpora à sua noção de gênero categorias de Bakhtin.

Na segunda edição do *Dicionário de gêneros textuais*, Sérgio Rabelo Costa (2018, p. 12) afirmou seu entendimento dos gêneros textuais como "formas heterogêneas, sociodiscursivas-enunciativas, orais e escritas, dadas pela tradição e pela cultura". No prefácio da terceira edição do dicionário, Magda Soares, precursora dos estudos de letramento no Brasil, destaca a importância dos estudos dos gêneros textuais e do discurso para o ensino de língua portuguesa.

Teorias como a de gênero, que são interdisciplinares por natureza e que mobilizam diversas perspectivas, redefinem, assim, o campo da linguística. Não é que as teorias estejam apenas confluindo e, por isso, os limites estejam fluidos e sutis, embora extremamente complexos; a questão é que, no momento em que há essa "união" das teorias, acontece uma redefinição do próprio fazer linguístico-discursivo, conforme este material procura apontar.

Síntese

Neste capítulo, acompanhamos as relações de confluência e divergências entre os gêneros do discurso e os gêneros textuais como prática histórico-cultural.

Na primeira parte, tratamos das relações entre texto/discurso e da questão da interação. Em seguida, apresentamos as principais escolas dos estudos sobre texto e discurso. No mapeamento das vertentes teóricas sobre os gêneros discursivos e suas proposições fundamentais, passamos por alguns teóricos, a saber:

- Maingueneau e sua visão sobre as duas condições primordiais do gênero: a comunicacional e o caráter estatutário.
- Miller e sua contribuição com a discussão do gênero como artefato cultural.
- Halliday com sua abordagem semiológica, que traz a discussão sobre a configuração contextual do texto em seus aspectos discursivo e social.
- Swales e sua discussão sobre comunidade discursiva.
- Bakhtin e seu círculo com seus apontamentos sobre gênero textual e gênero do discurso.

Quanto à perspectiva bakhtiniana de gêneros do discurso, embora esse autor parta do conceito de gênero literário proveniente do campo artístico-literário, percebemos que ele sai do âmbito da arte e se estende para uma reflexão mais linguística, quando ele textualmente fala de gêneros linguísticos.

Apresentamos, ainda, as críticas e as discussões sobre as questões terminológicas. Abordamos certa incompatibilidade entre a teoria dos gêneros discursivos e textuais para, finalmente, apontar a definição de gênero textual de Marchuschi, sem, no entanto, descartar as contribuições do círculo de Bakhtin para pensarmos os gêneros do discurso.

Com isso, esperamos que você tenha compreendido os autores proeminentes do campo dos gêneros textuais/discursivos, bem como identificado as principais escolas teóricas. É importante, antes do próximo capítulo, que você consiga relacionar os gêneros textuais e os gêneros do discurso a seus teóricos e às suas vertentes. Por fim, esperamos que tenha ficado clara a centralidade do pensamento de Bakhtin para o campo dos gêneros textuais/discursivos e que, por esse motivo, mesmo ao adotarmos uma definição de gêneros textuais, não abandonamos as proposições teóricas sobre gêneros discursivos.

Atividades de autoavaliação

1. Assinale a alternativa que apresenta as condições mobilizadoras dos gêneros do discurso na visão de Maingueneau:
   a. Condição conotativa e denotativa.
   b. Condição comunicacional e condição estatutária.
   c. Condição estatutária de denotativo.
   d. Condição conotativa e comunicacional.
   e. Nenhuma das alternativas está correta.

2. Analise as afirmativas a seguir e indique V para as verdadeiras e F para as falsas.
   (　) Na visão de Maingueneau, interagimos por meio dos discursos.
   (　) As considerações de Maingueneau referem-se aos gêneros textuais, e não aos gêneros discursivos.
   (　) O estudo dos gêneros existe desde as proposições dos filósofos Platão e Aristóteles.

( ) O estudo dos gêneros avançou de tal forma que permite falarmos de escolas e teorias diferentes acerca do tema.

( ) Segundo as pesquisas do linguista brasileiro Luis Antônio Marcuschi, é possível estabelecer cinco escolas ou teorias sobre os gêneros discursivos/textuais.

Agora, assinale a alternativa que apresenta a sequência correta:
a. V, V, F, F, F.
b. V, F, V, V, V.
c. V, F, F, F, V.
d. F, V, V, F, V.
e. F, F, V, V, V.

3. Assinale a alternativa **incorreta** sobre as principais escolas a respeito dos gêneros discursivos/textuais:
a. Visão da escola norte-americana: os gêneros são artefatos culturais.
b. Visão da perspectiva sistêmico-funcionalista: relação estreita entre texto-gênero-contexto de situação.
c. Visão na perspectiva anglo-americana: linguagem e práticas sociais; análise e aplicação dos gêneros.
d. Visão enunciativa dos gêneros: língua e enunciado como fenômenos dialógicos e sócio-historicamente determinados.
e. Visão da escola de Genebra: não há relação entre as práticas de linguagem e os gêneros textuais.

4. Analise as afirmativas a seguir e indique V para as verdadeiras e F para as falsas.

( ) Na perspectiva de Bakhtin, língua e enunciado são fenômenos dialógicos e determinados social e historicamente.

( ) Os gêneros discursivos, para Bakhtin, são relativamente estáveis, impessoais, uma vez que são históricos.

( ) Em seus primeiros escritos, Bakhtin utilizou o termo *gêneros linguísticos*.

( ) Para Marcuschi, os gêneros são eventos linguísticos situados histórica e socialmente, responsáveis por uma estruturação textual característica.

( ) O enunciado, para Bakhtin, é dito como coletivo, plural, que se repete sempre.

Agora, assinale a alternativa que apresenta a sequência correta:

a. V, V, F, F, F.
b. V, F, V, V, V.
c. V, F, F, F, V.
d. F, V, V, V, V.
e. V, V, V, V, V.

5. Assinale a alternativa correta:

a. Texto e discurso podem ser considerados sinônimos, sem qualquer distinção nas teorias de gênero.

b. Em qualquer uma das teorias, o texto é sempre considerado como algo acabado, estanque, com fim em si mesmo.

c. Na perspectiva defendida neste capítulo, texto é um processo, e não um produto, por isso a aproximação entre a teoria bakhtiniana e as reflexões teóricas de Marcuschi.

d. Para Marcuschi, os gêneros são somente as produções escritas aleatórias.

e. Os elementos históricos e sociais não interferem na produção dos gêneros.

Atividades de aprendizagem

Questões para reflexão

1. Diferentes teorias podem trazer diferentes concepções para um mesmo objeto. Algumas vezes elas são excludentes, outras nem tanto. Pesquise outras definições de texto diferentes das apresentadas neste capítulo. No que elas se diferenciam? O que podemos apontar de semelhanças?

2. Com base nos conceitos apresentados, como você vê os discursos no seu dia a dia? Percebe diferenças entre o modo como um jornal televisivo de uma emissora apresenta uma notícia e as escolhas feitas pelo jornal de outra emissora para o mesmo fato? Identifica como propagandas e peças publicitárias de vendas de produtos e uma propaganda de homenagem se aproximam e se diferenciam quanto à organização do texto/discurso?

Atividade aplicada: prática

1. Elabore um quadro comparativo com referências das principais correntes e dos autores dos estudos sobre gênero discursivo e textual.

    Para isso, siga estas etapas:

    a. Realize uma pesquisa na plataforma Scielo (<http://www.scielo.org>), que reúne as principais publicações de periódicos (revistas científicas) *on-line* de todas as áreas. Busque pelo nome dos autores das principais correntes de estudo sobre o gênero (discursivo e textual) apresentados neste capítulo e verifique os textos publicados por eles. Selecione pelo menos quatro artigos.
    b. Depois, desenvolva o quadro comparativo. Ele deve ter quatro colunas: na primeira, indique o nome do autor do texto selecionado; na segunda, o título do artigo; na terceira, a corrente de estudo sobre o gênero (discursivo e textual) relacionada. Por fim, na quarta coluna, teça comentários que expressem comparações entre o que você leu e as informações oferecidas nesta seção do livro.

Indicações culturais

ALAB – Associação de Linguística Aplicada do Brasil. O ensino de língua portuguesa nos últimos dez anos no Brasil. 2020. Live no YouTube. Disponível em: <https://youtu.be/XqtgeXX0-7w>. Acesso em: 24 jul. 2020.

O vídeo é um material rico para quem quer conhecer uma das referências utilizadas no livro, a pesquisadora Roxane Rojo. Um dos destaques da palestra é o momento em que ela aponta como a questão dos gêneros do discurso e textual vão permeando os anos de 1990 e os embates sobre o ensino de língua portuguesa e mostra sua visão sobre os conceitos. Também aponta como, embora a discussão dos gêneros esteja presente nos documentos oficiais, a AD nunca entrou nos currículos da educação brasileira.

DIAS, E. et al. Gêneros textuais e(ou) gêneros discursivos: uma questão de nomenclatura? Interacções, Portugal, v 7, n. 19, 11 jul. 2011. Disponível em: <https://revistas.rcaap.pt/interaccoes/article/view/475>. Acesso em: 24 jul. 2020.

Este artigo apresenta uma discussão teórica sobre o uso dos termos gênero textual e gênero discursivo. Os autores apontam que há distintas consequências decorrentes do uso dessas expressões e, para isso, mencionam estudiosos que abordamos neste livro.

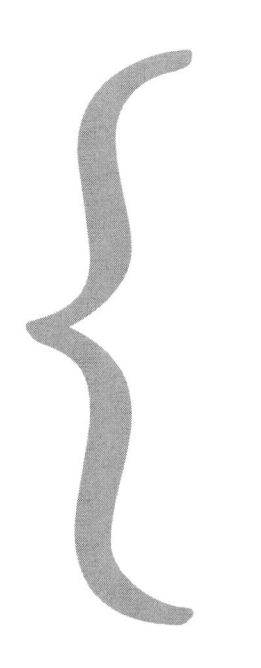

{

um	O campo de emergência político e linguístico da análise do discurso (AD): o estabelecimento dos estudos do discurso no campo dos estudos da linguagem
dois	Sujeito e sentido, a mútua constituição: a constituição dos sujeitos e dos sentidos em perspectiva discursiva
três	Texto e discurso – discursividade
quatro	Os gêneros do discurso e o campo da AD: os gêneros do discurso/texto como prática histórico-cultural
# cinco	**AD e a relação com o campo do ensino: as contribuições da AD para o trabalho com a linguagem**
seis	Estudos do discurso: práticas e perspectivas contemporâneas

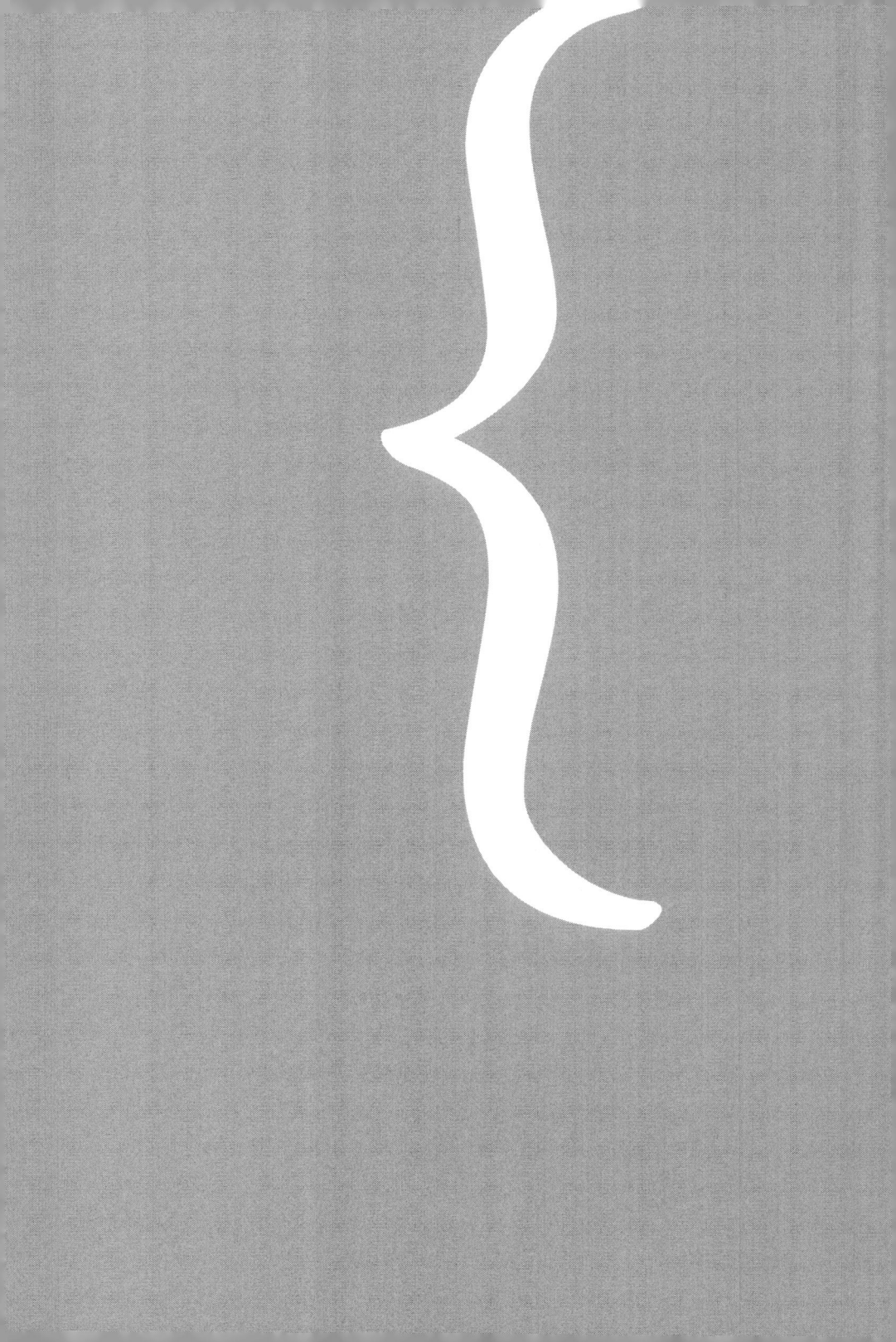

❰ NO CAPÍTULO ANTERIOR, trabalhamos as noções de texto e discurso, aproximações e distanciamentos entre os conceitos. Destacamos alguns aspectos da AD que podem influenciar questões de leitura, tanto a interpretação de textos quanto a leitura de mundo, de situações, de relações etc. Neste capítulo, abordaremos com maior profundidade esse assunto e também as contribuições da AD para o trabalho com a linguagem na educação.

Por essa razão, apresentaremos as possibilidades de articulação da materialidade histórica com a materialidade linguística, o que faz da AD uma disciplina de interpretação. Examinaremos, também, a noção teórico-metodológica do gesto de leitura naquilo que ela tem de produtivo para pautar a relação paráfrase/polissemia*.

---

* Para relembrar, na AD "polissemia é a multiplicidade de sentidos e a paráfrase é a permanência do mesmo sentido sob formas diferentes" (Orlandi, 2012, p. 113).

Veremos as diferentes contribuições do campo da AD para o ensino de línguas que podem subsidiar o trabalho em sala de aula. Também faremos a indicação de perspectivas de trabalho no ensino de línguas que considerem as relações entre AD e bases teóricas discursivas que fundamentam documentos oficiais.

Por fim, discutiremos a noção de gênero nas aulas de língua: documentos e práticas.

cincopontoum
Análise do discurso e abordagem da leitura e da interpretação textual

A primeira impressão sobre AD pode ser a de que seja uma teoria bastante complexa (algo que não deixa de ser verdade) e que, devido a isso, as noções desta "podem" e são "inseridas e aplicadas" somente em cursos de pós-graduação específicos, em estudos linguísticos.

Pode até ser que exista uma aura mística em torno da área que indica sua não aplicabilidade à educação de modo geral (ou seja, ensino fundamental e ensino médio em nosso contexto educacional), pois, nessa perspectiva, a AD se interessaria apenas em desmistificar, destrinchar temas e relações complexas e não caberia nos estudos sobre língua, linguagem e gramática, por exemplo, se pensarmos o ensino de línguas.

Devemos lembrar que tanto a linguística quanto a AD são dois campos de estudos que trabalham com língua/linguagem. Exatamente por isso os conhecimentos produzidos por ambas as áreas deveriam ser acessíveis para e compartilhados com nossa formação intelectual desde a educação básica. O que você vem descobrindo ao longo deste livro é que todos nós, sem nos darmos conta, desde que nos tornamos seres pensantes, também nos transformamos em analistas de discursos quando lemos, ouvimos, vemos e nos comunicamos. Isto é, inconscientemente, colocamos em prática em nossa vida diária muitas noções básicas da AD e/ou o que esse campo tenta explicar.

Por essa razão, nosso intuito no presente capítulo é levantar tais reflexões, as quais servem como base para um dos documentos oficiais que orientam o ensino de língua portuguesa no Brasil, os *Parâmetros Curriculares Nacionais: terceiro e quarto ciclos do ensino fundamental* (PCNs) (Brasil, 1998), as *Orientações Curriculares para o Ensino Médio: linguagens, códigos e suas tecnologias* (Ocem) (Brasil, 2006) e a *Base Nacional Comum Curricular* (BNCC) (Brasil, 2017), que é o documento atual.

O tempo todo analisamos discursos. Nossa vida social depende disso, e provavelmente você também já deve ter percebido que a AD, em sua essência, é uma teoria que envolve muita leitura e (inter)age pela interpretação. Em virtude disso, a AD como campo de estudos preocupa-se bastante com o ensino de leitura e com as práticas de leitura no ensino de línguas de modo geral, por isso tem muito a contribuir para as bases da educação básica. Veremos isso mais adiante, no último tópico, no qual abordaremos especificamente as contribuições da AD para o ensino de línguas e enfatizaremos os gêneros discursivos e gêneros textuais*.

O presente tópico aborda a perspectiva da AD como um possível subsídio para a leitura e a interpretação. No artigo "Análise do discurso e leitura: o sujeito, o texto e o sentido" (2009), de Manuella Felicíssimo, a autora apresenta a interessante reflexão que a induz a concluir que "o leitor, a leitura, o texto e a construção de sentidos são fenômenos discursivos e não papéis sociais (no sentido estrito da palavra), sendo, portanto, sujeitos às condições de produção do discurso" (Felicíssimo, 2009, p. 42).

Conforme constatação do estudo de Felicíssimo (2009), esses elementos são mutáveis, porém podem ser regulados. Nessa linha de raciocínio, a autora reconhece que tudo o que envolve a leitura é da ordem do discurso, e isso requer que "se extrapole o linguístico, que se apreenda a memória depositada no linguístico" (Felicíssimo, 2009, p. 42). A leitura e tudo aquilo que a envolve, interpretação, produção de sentidos, polissemia, por serem de natureza discursiva, transcendem as barreiras linguísticas e impulsionam para que sejam resgatadas as memórias depositadas nas características linguísticas do texto. Isso seria a carga

---

* Há autores e autoras que defendem que falamos e escrevemos, comunicamo-nos, por meio dos gêneros discursivos, e não por intermédio dos gêneros textuais. Um exemplo pode ser visto em Roxane Rojo e Jacqueline P. Barbosa (2015). Tudo depende da orientação teórica dos autores. Neste livro, utilizamos as designações separadas, *gênero textual* e *gênero discursivo*. Quando alguma distinção ou explicitação sobre os termos se fizerem necessárias, indicaremos no próprio texto.

semântica das palavras e dos enunciados, isto é, a atribuição de sentidos ao texto em trechos específicos e/ou em sua totalidade.

Felicíssimo (2009), ao dialogar teoricamente com as obras de Orlandi e Pêcheux, enfatiza que existem maneiras diferentes de problematizar e de pensar a leitura. Portanto, como já introduzimos, a AD é uma dessas maneiras de pensarmos e problematizarmos tanto a linguagem quanto a leitura.

Agora, veremos brevemente os conceitos de acepção e concepção de leitura explicados por Orlandi na apresentação do livro *Discurso e leitura* (2012), no qual a autora discorre a respeito da polissemia da noção de leitura. Na referida obra, a autora desenvolve uma reflexão crítica sobre a leitura segundo a teoria da AD.

Para Orlandi (2012), a noção de leitura pode ser considerada polissêmica. Para a autora, em sua acepção mais ampla, pode ser considerada uma atribuição de sentidos. Segundo essa perspectiva teórica, a **acepção** de leitura pode ser utilizada tanto para a escrita quanto para a oralidade. "Diante de um exemplar de linguagem, de qualquer natureza, tem-se a possibilidade de leitura" (Orlandi, 2012, p. 7). Por exemplo, conforme a autora, é possível falar em leitura tanto no que se refere às nossas falas cotidianas, quando vamos ao supermercado e conversamos com o atendente, quanto ao chegarmos literalmente à leitura de textos diversos que estudamos na escola, na universidade. Por outro lado, quando Orlandi (2012) alude à leitura em um sentido de **concepção**, afirmando que esse termo seria mais adequado para referir-se à leitura de mundo. A autora destaca que o termo *concepção* como sinônimo de *leitura de mundo* reflete a relação estabelecida entre leitura e noção de ideologia, que analisamos no Capítulo 2.

A segunda concepção sobre leitura apresentada pela autora, que é o ponto central deste capítulo, está vinculada a um sentido mais restrito, o acadêmico, no qual a leitura pode significar "construção de um aparato teórico e metodológico de aproximação de um texto: são as várias leituras de Saussure, as possíveis leituras de um texto de Platão etc." (Orlandi, 2012, p. 7). Isso seria a leitura do ponto de vista linguístico, que visa às possibilidades de interpretação; ou seja, os aspectos da paráfrase e da polissemia, os quais, segundo o círculo de Bakhtin, contemplam múltiplas e diferentes maneiras de expressões da linguagem sobre determinado tema, mas que, em sua essência, mantêm o mesmo sentido.

Vamos seguir adiante e partir para um sentido ainda mais limitado discutido por Orlandi (2012), o qual também interessa muito para esta seção temática: a **concepção de leitura voltada para a escolaridade**, que pode ser vinculada à alfabetização, à aprendizagem formal de ler e escrever. Portanto, essa terceira concepção é bastante aplicada e discutida para o ensino de línguas de modo geral.

Será necessário ainda tratarmos de leitura com ênfase nos sentidos de interpretação e compreensão, uma vez que esses dois elementos estão ligados um ao outro, pois a ponte que conecta informações externas ao sujeito à compreensão por intermédio da leitura é a interpretação. Portanto, é possível concluir que a leitura, além de ser uma questão linguística, também é "pedagógica e social ao mesmo tempo" (Orlandi, 2012, p. 45).

Para isso, discutiremos alguns pontos de reflexão indicados pela trajetória nos estudos discursivos que Orlandi (2012, p. 8) considerou referência para o desenvolvimento de uma perspectiva discursiva sobre a leitura, visando ao aspecto da interpretação. São eles:

- Pensar a produção de leitura como algo a ser trabalhado caso ela não possa ser ensinada.
- A leitura e a escrita são parte do processo de instauração de sentidos.
- Considerar o sujeito-leitor com suas especificidades e sua história.
- Analisar a determinação histórica e ideológica tanto do sujeito quanto dos sentidos.
- Levar em conta a multiplicidade e a variedade de formas de leitura.
- Considerar "a noção de que nossa vida intelectual está intimamente relacionada aos modos e efeitos de leitura de cada época e segmento social" (Orlandi, 2012, p. 8).

A fim de contemplarmos essa proposta metodológica da AD sob a perspectiva dos estudos discursivos para a abordagem da leitura para o ensino de línguas, principalmente para o ensino da língua materna, a língua portuguesa no nosso contexto, no próximo tópico vamos analisar a leitura como um gesto de interpretação.

cincopontodois
A ênfase na leitura como um gesto de interpretação

A AD assimila os elementos leitura e interpretação. As essências metodológica e da proposta de análise da AD encontram-se na ação e na interação pela leitura por intermédio dos chamados *gestos de interpretação*. Portanto, isso faz da interpretação a ponte que liga informações externas ao sujeito à compreensão no ato de ler; assim, a leitura pode ser considerada um gesto de interpretação.

Mas o que isso significa para a AD? O que é e em que consiste a leitura como um gesto de interpretação? Para respondermos a essas perguntas, propomo-nos a retratar como a AD explica a função da "engrenagem da interpretação" (se pensarmos em uma metáfora) que faz fluir nosso processo de leitura, compreensão e atribuição de sentidos. No desenvolvimento deste capítulo, abordaremos como nossa visão polissêmica pode expressar o mesmo significado no texto – e um dos resultados finais desse processo é nossa ação de parafrasear, criar paráfrases. Isto é, se considerarmos nossa capacidade de articulação de textos orais e escritos, as paráfrases são as versões mais extensas e explicativas de qualquer texto que somos capazes de criar, a fim de mediar e facilitar a compreensão de algum texto e/ou assunto.

Portanto, a paráfrase reflete o aspecto da **polissemia*** e, além de poder ser considerada um gesto de interpretação, a paráfrase é uma questão de resultado de leitura/interpretação. Nessa perspectiva, no decorrer deste capítulo, delinearemos a noção teórico-metodológica de gesto de leitura, com ênfase àquilo que ela tem de produtivo para pautar a relação paráfrase/polissemia.

Essa relação é uma das propriedades de como a AD contempla a leitura/interpretação. Segundo esse eixo teórico, o aspecto da leitura não se restringe somente à sua aplicabilidade e à decodificação de textos escritos, ou somente à ideia de leitura vinculada à escolaridade. Também forma parte da acepção e das concepções de como a AD concebe a terminologia *leitura*. Em virtude disso, é possível afirmar que a AD desenvolve uma visão bastante abrangente e polissêmica sobre esse assunto, que contempla: visão de mundo, sentido acadêmico ligado ao aspecto linguístico do texto e escolarização.

Nesta parte, daremos continuidade e desenvolvimento ao conceito básico da AD sobre leitura no sentido de interpretação e compreensão, que abordamos no começo deste tópico e que, durante os outros capítulos, sutilmente você foi sendo preparado(a) para essa discussão. "A leitura, portanto, não é uma questão de tudo ou nada, é uma questão de natureza, de condições, de modos, de relação, de trabalho, de produção de sentidos, em uma palavra: de historicidade" (Orlandi, 2012, p. 9).

---

* De acordo com os estudos bakhtinianos e também conforme consta nos dicionários, a palavra *polissemia* expressa o sentido geral de multiplicidade, o qual pode ser multiplicidade de vozes, de significados que palavras e enunciados podem adquirir em situações comunicativas.

Conforme vimos, nós, como sujeitos, em nossa vida social o tempo todo dependemos dos processos de "leituras", interpretação, atribuição de sentidos a situações, a textos, ao mundo que nos rodeia etc. Isso decorre da existência do aspecto da historicidade. Tratamos desse conteúdo no Capítulo 2, quando vimos que a historicidade corresponde ao conceito de que não há "começo absoluto nem ponto final para o discurso. Um dizer tem relação com outros dizeres realizados, imaginados ou possíveis" (Orlandi, 2002, p. 39).

De acordo com Orlandi (2012, p. 11), os elementos "leitura e sentido, ou melhor, sujeitos e sentidos se constituem simultaneamente, num mesmo processo", pois, segundo a autora, a relação entre os interlocutores, que é um dos elementos do contexto, constitui a situação da leitura. No entanto, para Orlandi (2012) esse não é o único elemento decisivo no processo de interpretação, já que há também os modos de leitura, os quais você contemplou no tópico anterior, quando abordamos as nuances de reflexão indicadas por Orlandi (2012) como referência para o desenvolvimento de uma perspectiva discursiva sobre leitura sob o aspecto da interpretação.

Conforme Orlandi (2012), os modos de leituras que proporcionam os gestos de interpretação são muito variáveis e indicam diferentes formas de relacionamento entre leitores e textos. Com base na descrição da autora, vejamos o que é cada um desses pontos de reflexão:

- Na relação entre texto e autor, o ponto de partida é o questionamento: O que o autor quis dizer?
- Na relação do texto com outros textos, perguntamos: Qual é a diferença entre dois textos?
- Na interação entre o texto e seu referente, questionamos: O que o texto diz sobre determinado tipo de conteúdo?
- Sobre o relacionamento entre texto e leitor, perguntamos: O que entendemos?

Esse último critério adequa-se aos professores: Qual é a relação do texto para quem o lê? Por exemplo: "O que é mais significativo neste texto para o professor Z? O que significa X para o professor Z?" (Orlandi, 2012, p. 12).

Desse modo, segundo o raciocínio de Orlandi (2012), haverá diferentes maneiras de leituras, as quais visam a um trabalho de análise e interpretação textual que contemple o contexto da produção do texto, no qual se dão seus objetivos, enfim, suas condições de produção, pois "sujeitos e sentidos são elementos de um mesmo processo, da significação" (Orlandi, 2012, p. 12).

Outra questão bastante pertinente que Orlandi (2012) reforça a respeito de uma perspectiva discursiva do desenvolvimento da leitura como um gesto de interpretação é que esse conceito prevê que, quando se lê, não deveria ser considerado apenas o que está dito, mas também aquilo que está implícito, ou seja:

aquilo que não está dito e que também está significando. E o que não está dito pode ser de várias naturezas: o que não está dito mas que, de certa forma, sustenta o que está dito; o que está suposto para que se entenda o que está dito; aquilo a que o que está dito se opõe; outras maneiras diferentes de se dizer o que se disse e que significa com nuances distintas etc. (Orlandi, 2012, p. 13)

Portanto, Orlandi (2012) alerta que, para chegarmos ao êxito da compreensão dos enunciados e dos discursos manifestados em todos os tipos de textos e também ensinarmos isso na escola, é preciso transcendermos, irmos além; por meio da interpretação, devemos promover uma leitura mais aprofundada. Observe que esse apontamento, segundo as reflexões que Orlandi (2012) se propôs a promover em seu livro, para nossa realidade, é a base e ao mesmo tempo o maior desafio a ser colocado em prática, no sentido de garantir o desenvolvimento de um trabalho de leitura/interpretação em uma perspectiva discursiva no ensino de línguas e na sala de aula.

Por essa razão, o desenvolvimento do aspecto da interpretação no processo de leitura é o momento mais crítico e delicado, pois, conforme a definição apresentada por Orlandi (2012), o gesto de interpretação requer uma leitura mais aprofundada capaz de enxergar informações apresentadas diretamente no texto e, sobretudo, consiste em decifrar aquilo que não está claro ou explícito no texto que se está lendo.

Na análise discursiva, a ação de interpretação textual exige do leitor ou do interlocutor maior esforço de compreensão, já que demanda o desenvolvimento de um olhar e de uma análise crítica mais aguçados, maior grau de atenção, reflexão, para compreender e identificar quais são as cargas semântica, histórica e ideológica existentes por trás do vocabulário, individualmente, e dos discursos presentes nas cadeias de sentenças que compõem um texto.

Portanto, é nesse tipo de prática que se desenvolve a leitura na perspectiva de gesto de interpretação, pois o objetivo da leitura vai além da simples decodificação e da busca de atribuição de sentidos, significados ao texto. Essas nuances também são os objetivos que norteiam a AD como fundamentação teórica e metodológica.

Na perspectiva discursiva interpretativa, a leitura requer o desenvolvimento de habilidades para identificar e compreender, por exemplo, quando o aspecto da intertextualidade se manifesta no texto e ainda para saber articular isso no raciocínio lógico (esse assunto foi abordado no Capítulo 3). Tal aspecto também serve para a questão da metáfora, que examinamos no Capítulo 2, a qual, para a AD, consiste na substituição de uma palavra por outra. Portanto, trata-se de uma transferência que estabelece a maneira como as palavras significam, por conseguinte, para compreender uma metáfora, por exemplo, é necessária a efetivação de uma leitura bastante interpretativa. Na ótica discursiva, isso ainda se aplica à metáfora como figura de linguagem e às demais figuras.

Como discutimos anteriormente, os elementos linguísticos são indícios que constituem e estão presentes no texto. Eles apenas precisam ser percebidos, decodificados e interpretados para que, de uma ou mais formas adequadas, segundo uma ou mais linhas de leituras coerentes (devemos relembrar, neste ponto, os aspectos da polissemia/paráfrase), o texto possa ser consequentemente compreendido em sua totalidade.

Ainda a respeito da importância do aspecto da leitura como desenvolvimento de um gesto de interpretação, Orlandi (2012) enfatiza que, de modo geral, é possível afirmar que a atribuição de sentidos a um texto pode ser amplamente diversificada, "desde o que denominamos *leitura parafrástica*, que se caracteriza pelo reconhecimento (reprodução) de um sentido que se supõe ser o do texto (dado pelo autor), e o que denominamos *leitura polissêmica*" (Orlandi, 2012, p. 14, grifo do original).

A chamada *leitura polissêmica* a que nos referimos, contemplada pela proposta de trabalho com a leitura na sala de aula como gesto de interpretação, define-se pela atribuição de múltiplos sentidos ao texto. Isto é, a leitura/interpretação textual "parcialmente" é de ordem subjetiva, não envolve uma única possibilidade de interpretação e ponto de vista, mas várias possibilidades interpretativas que deverão ser condizentes com um sentido geral. Aí se manifesta na prática o aspecto da polissemia, pois "tanto o reconhecimento quanto a atribuição de sentidos se inscrevem, ambos, na ideia de produção da leitura" (Orlandi, 2012, p. 14). Mas isso não quer dizer que, na perspectiva discursiva de formação de leitores, todo e qualquer tipo de interpretação é aceitável para um texto. Toda leitura e interpretação deve ser autorizada pelo texto.

Aqui é pertinente que você assimile que, quando a autora discute sobre a possibilidade de existência de mais de um modo de leitura e interpretação textual, é necessário ter em mente que Orlandi (2012) não está defendendo a tese de que, na sala de aula, devemos formar leitores que pensam que devem ler e interpretar em um texto somente aquilo que acharem viável, do jeito que quiserem e para qualquer um. Ao contrário: "Tanto quanto a formulação (emissão), a leitura (compreensão) também é regulada" (Orlandi, 2012, p. 15).

Nessa questão, devemos preservar o aspecto da unidade discursiva/sentido, que, conforme abordamos no capítulo anterior, é o segundo elemento que deve compor a polissemia. Nesse ponto de vista, somente é exposta a importância da formação na sala de aula, principalmente no ensino de língua materna, para uma conscientização de que o sentido de um texto não "é" precisamente outro(s). Trata-se de sugestões ao leitor(a) em formação de que "pode ser" que o texto tenha outro sentido e que outros modos de leituras e interpretações também podem ser cogitados, a fim de promovermos uma análise linguística e discursiva eficiente (Orlandi, 2012).

Esse aspecto é relevante para a formação de nossa intelectualidade porque amplia nossa visão de mundo; adquirimos e aprimoramos nossos conhecimentos gerais e específicos a respeito de um ou mais temas. Além de compreender melhor o que o texto nos diz, tornamo-nos capazes de estabelecer conexões com outros textos etc.*, aspecto que lembra o elemento da intercompreensão bakhtiniana e da intertextualidade, estudado no Capítulo 3.

Neste ponto, podemos abrir um breve parêntese e retomar uma contribuição do círculo de Bakhtin para os estudos

---

* Os objetivos de formação pedagógica são contemplados nos documentos oficiais para o ensino de línguas no Brasil, principalmente nos de língua portuguesa. Conheceremos melhor as propostas para a educação básica e sua relação com a AD no próximo tópico.

discursivos. Paulo Bezerra*, no posfácio do livro *Os gêneros do discurso* (2016), de Bakhtin, explica que a perspectiva bakhtiniana concebe os elementos da compreensão-interpretação de tal modo que, em um simples diálogo entre dois ou mais falantes, toda a compreensão é responsiva. Bakhtin considera tal situação como uma espécie de interação de enunciados-textos. A compreensão só tem sentido com a intercompreensão entre autor, texto, leitor e/ou ouvinte (Bezerra, 2016).

Segundo Orlandi (2012), o único elemento que pode nos revelar se uma leitura, uma linha de interpretação, está equivocada ou não, se houve uma "aproximação" do que "deveria" ser compreendido no texto, é a referência à história. Por mais que um texto possa assumir uma multiplicidade de sentidos que dialoguem entre si, "há uma determinação histórica que faz com que só alguns sentidos sejam 'lidos' e outros não" (Orlandi, 2012, p. 15).

De acordo com a proposta metodológica, com ênfase na AD, para o trabalho com a leitura na sala de aula descrita no livro *Análise do discurso e o ensino de língua portuguesa* (2004), do professor Ingo Voese, a AD considera que a leitura interpretativa precisa decifrar o que diz a voz, o sujeito "silenciado"**, por trás do texto. Caso contrário, Voese (2004) alerta que, em vez de se desenvolver uma leitura interpretativa, pode-se fazer uma leitura distanciada dos sentidos permitidos pelo texto.

---

* Paulo Bezerra é crítico literário. Traduziu do russo para o português mais de 40 obras sobre filosofia, teoria literária, ficção e psicologia. É professor, pesquisador e um dos mais renomados estudiosos brasileiros contemporâneos da língua e literatura russas.

** Em sua obra, Bakhtin refere-se ao sujeito "silenciado" quando teoriza o processo de "silenciamento" no texto. Discutimos esse conteúdo no capítulo anterior.

Como já abordamos aqui, para os conceitos da AD, não é adequado que o leitor adicione palavras a essa voz "silenciada" que aparece no texto, e sim que seja descoberto e interpretado aquilo que não aparece explicitamente, o que não é dito, que também é passível de análise nessa perspectiva. Isto é, segundo a teoria da AD, a voz "silenciada" no texto precisa ser respeitada (Voese, 2004). Nessa perspectiva, também é possível analisar aquilo que não é manifestado explicitamente e aquilo que não é dito.

Só conseguiremos descobrir e compreender isso por intermédio dos gestos de interpretação, entre os quais o principal é a leitura. Mas por quais meios é possível tentar fazer isso acontecer na prática? Quais tipos de textos, materiais didáticos são indicados para a perspectiva discursiva de ensino? Na sequência, continuaremos a responder a essa pergunta, junto a outras questões discutidas pela AD que servem para o ensino de línguas de modo geral.

cincopontotrês
Texto/Discurso e ensino de línguas: a abordagem dos gêneros

Com base nas reflexões apontadas nos dois momentos do tópico anterior, é possível concluir que, durante a aplicação dos gêneros do discurso/texto na prática do ensino de línguas, a leitura, suas acepções e diferentes concepções tornam-se um item elementar para a AD.

Por esse motivo, nesta seção, dialogaremos e daremos continuidade às reflexões apontadas anteriormente a respeito das propostas da AD como uma disciplina de leitura e interpretação textual. Essas reflexões são contempladas pelos documentos oficiais PCNs (1998), Ocem (2006) e BNCC (2017) e também servem como norte dos objetivos de aprendizagem para a proposta metodológica de ensino de línguas que tais documentos apresentam.

No artigo "Análise do discurso e leitura" (2015), de Edmundo Narracci Gasparini, temos uma discussão sobre o papel que a AD exerce, "seja no que se refere a estudos de cunho teórico, seja no que concerne às práticas de análise discursiva" (Gasparini, 2015, p. 11), tanto nas questões teóricas quanto sobre a prática da leitura em instituições de ensino. O autor entende a leitura como "produção de sentidos referente a textos orais ou escritos: confrontado com um texto, o leitor é instado a interpretar, a produzir sentidos" (Gasparini, 2015, p. 11-12).

Vejamos que, com base nessa discussão, naturalmente podem surgir novas dúvidas, afinal de contas a perspectiva discursiva propõe o surgimento (e a elaboração) de metodologias de ensino de línguas e práticas de leitura diferenciadas de acordo com a proposição teórica. Que contribuições a AD pode trazer para pautar essa diretriz? Quais conteúdos, materiais didáticos, textos devem ser utilizados e como eles podem ser trabalhados nas aulas de língua portuguesa na educação básica? Isto é, como desenvolver uma metodologia pedagógica que contemple os gêneros do discurso? O que os documentos oficiais que orientam o ensino de línguas dizem a respeito da inserção dos gêneros do discurso/texto?

De acordo com o que os PCNs (1998) e as Ocem (2006) contemplam, há a proposta de uma perspectiva de ensino pautada na teoria dos gêneros textuais e discursivos, na qual o objetivo de aprendizado baseia-se em tornar o sujeito "capaz de utilizar a língua de modo variado, para produzir diferentes efeitos de sentido e adequar o texto a diferentes situações de interlocução oral e escrita. É o que aqui se chama de competência linguística e estilística" (Brasil, 1998, p. 23). Ainda segundo esse documento oficial a respeito do desenvolvimento do estímulo da competência discursiva dos alunos, "deve a escola organizar as atividades curriculares relativas ao ensino-aprendizagem da língua e da linguagem" (Brasil, 1998, p. 23).

As ações da disciplina de Língua Portuguesa na educação básica, principalmente para o ensino médio, "devem propiciar ao aluno o refinamento de habilidades de leitura e de escrita, de fala e de escuta" (Brasil, 2006, p. 18).

Alguns textos do final de década de 1980 e início dos anos 2000, como o de Norma Sandra Ferreira (2001), davam conta do caráter de inovação dos PCNs ao trazer a discussão do ensino de língua para o campo dos estudos da linguagem, por meio da introdução do conceito de gêneros do discurso na perspectiva das reflexões de Bakhtin (1992) e de seus seguidores (Bronckart, Dolz e Schneuwly). Para a autora, isso revela uma

> crítica ao ensino de língua portuguesa que carrega tradicionalmente uma excessiva escolarização e uma artificialidade nas atividades propostas de leitura e de escrita, o PCN parte do pressuposto que a língua se realiza no uso das práticas sociais, no espaço em que os homens (em diferentes momentos, lugares e contextos) se apropriam dos seus conhecimentos através da ação com e sobre eles, tal como estão postos no mundo, em situações de uso de fato. (Ferreira, 2001, p. 4)

O último documento normativo, que sucede aos PCNs (1998) e às Ocem (2006), é a BNCC (2017). Ao apresentar os princípios do ensino e aprendizagem de língua portuguesa para o ensino médio, por exemplo, a BNCC parte do pressuposto de que o ensino dos gêneros textuais/discursivos é o principal norteador do ensino fundamental.

> Ao chegar ao Ensino Médio, os estudantes já têm condições de participar de forma significativa de diversas práticas sociais que envolvem a linguagem, pois, além de dominarem certos gêneros textuais/discursivos que circulam nos diferentes campos de atuação social considerados no Ensino Fundamental, eles desenvolveram várias habilidades relativas aos usos das linguagens. Cabe ao Ensino Médio **aprofundar a análise sobre as linguagens e seus funcionamentos**, intensificando a perspectiva analítica e crítica da leitura, escuta e produção de textos verbais e multissemióticos, e **alargar as referências estéticas, éticas e políticas** que cercam a produção e recepção de discursos, ampliando as possibilidades de fruição, de construção e produção

> *de conhecimentos, de compreensão crítica e intervenção na realidade e de participação social dos jovens, nos âmbitos da cidadania, do trabalho e dos estudos.* (Brasil, 2017, p. 498, grifo do original)

Não somente a escrita deveria ser trabalhada em sala de aula, mas todas as competências de linguagem e comunicação em conjunto, os diferentes formatos dos gêneros do discurso/texto. Mas o que isso quer dizer?

Vamos relembrar o que estudamos no Capítulo 4 sobre a definição dos gêneros do discurso. Segundo Bakhtin (2016, p. 12, grifo do original): "cada campo de utilização da língua elabora seus **tipos relativamente estáveis** de enunciados, os quais denominamos **gêneros do discurso**". Os chamados *tipos relativamente estáveis de enunciados* seriam os textos/enunciados materializados, que têm funções, características específicas que os identificam, classificam e os destacam entre os demais. A respeito desse assunto, Marcuschi (2008, p. 155), pautando-se no raciocínio de Bakhtin, ensina:

> *Os gêneros textuais são os textos que encontramos em nossa vida diária e que apresentam padrões sociocomunicativos característicos definidos por composições funcionais, objetivos, enunciativos e estilos concretamente realizados na integração de forças históricas, sociais, institucionais e técnicas.*

Por exemplo, de acordo com Bakhtin (2016), Marcuschi (2008) e os PCNs (1998), os gêneros textuais apresentam diversificadas formas e categorias. Existem gêneros textuais que, quanto ao formato, são bastantes diversificados e incluem: **textos escritos**, que compõem a grande maioria dos gêneros e também são os mais abordados pela escola; e **textos orais**, por exemplo: música, entrevista, peças de teatro, apresentações de *stand up*, debate, palestra, comentário radiofônico etc. É preciso observar que muitos desses textos orais têm uma base escrita, mas o suporte mais comum de veiculação é oral.

Já os textos **não verbais** são aqueles que incluem somente imagens ou as mesclam com textos escritos (semiose), como acontece nas artes plásticas com pinturas e desenhos; em cartazes, fotografias, *outdoors*, charges; em histórias em quadrinhos, *cartoons*, entre outros. Os **textos audiovisuais** são mais comuns e encontrados na nossa cultura televisiva; incluem, por exemplo: vídeos que encontramos na internet, filmes, documentários, *trailers* de filmes, telenovelas, desenhos animados etc. O *Dicionário de gêneros textuais* (Costa, 2018) traz mais de 500 verbetes comentados e com exemplos de gêneros textuais. Assim, podemos nos perguntar: Haveria algum ou alguns gêneros textuais específicos mais adequados para ser trabalhados no ensino de línguas?

Marcuschi (2008) problematiza essa questão e analisa os vestígios de nossa realidade. O autor afirma que não existem gêneros textuais específicos mais adequados ao ensino de línguas, mas é provável que haja gêneros textuais que, em razão das próprias condições de sua materialidade, dificultariam a abordagem didática na sala de aula. Marcuschi (2008) destaca que há muito mais gêneros escritos que orais sendo empreendidos nos processos de escolarização, em virtude da supervalorização da escrita ao longo da história por parte de muitas civilizações. Um exemplo disso é nossa própria cultura, cuja tendência sempre foi a de cada vez valorizar mais aquilo que é registrado pela escrita do que pela oralidade. E isso se reflete na escola.

No entanto, as dificuldades não são só relacionadas a textos orais. Há dificuldades de abordar também alguns tipos de gêneros textuais multimodais, como materiais audiovisuais e textos não verbais. A dificuldade a que nos referimos no trabalho didático é que esses textos são vistos, muitas vezes, como pretextos, e não como textos. Por exemplo, uma fotografia pode servir como motivador para a produção de um artigo de opinião, mas não necessariamente para atividades de leitura e interpretação (o que seria possível considerando-se a questão do contexto).

Entre os gêneros que pouco aparecem nas atividades didáticas, temos o exemplo do gênero piada. A piada pode constituir-se em um gênero textual para se trabalhar a leitura interpretativa, com ênfase na intencionalidade e na identificação de vozes "silenciadas". Piadas racistas e sexistas podem ser alvo mais frequente de um trabalho analítico e crítico na sala de aula.

Marcuschi (2008) questiona os PCNs quanto ao uso dos textos orais (sobre a seleção de textos orais destacados como prioritários pelo referido documento) e coloca a seguinte pergunta: Por que não trabalhar nas aulas de língua portuguesa conteúdos como: "telefonemas, conversações espontâneas, consultas, discussões etc., para a fala? Por que não analisar formulários, cartas, bilhetes, documentos, receitas, bulas, anúncios, horóscopos, diários [...], e assim por diante, para a escrita?" (Marcuschi, 2008, p. 211).

O autor ressalta que os alunos têm mais contato com esses tipos de gêneros fora da escola; alguns são até bastante acessados e utilizados por eles. Que lista de gêneros orais poderíamos fazer hoje? Que materiais ricos para análise discursiva as professoras e os professores de línguas poderiam usar em sala de aula com base em matérias jornalísticas que se ocupam de áudios vazados? Quantas discussões em grupos de redes sociais com mensagens de áudio serviriam para atividades didáticas cujos objetivos fossem ensinar a rejeitar discursos de ódio, como propõe a BNCC (Brasil, 2017)?

Marcuschi (2008) enfatiza que existia um problema de ordem metodológica paradoxal. Os PCNs propunham conteúdos programáticos que se demonstravam redutores e homogeneizadores, com a sugestão de que todos os professores de língua portuguesa trabalhassem alguns modelos de gêneros textuais. Essa postura não reforça a liberdade de o professor poder trazer para a sala de aula outros gêneros mais próximos da realidade do aluno, ou de poder complementar e adaptar materiais didáticos, ou até de criar materiais novos para ser trabalhados em paralelo com o livro utilizado na escola. Tais práticas instigariam, assim, a autonomia dos professores de línguas.

A partir da indicação dos gêneros do discurso/textuais pelos PCNs no final da década de 1990, começaram a surgir vários trabalhos de pesquisadores/professores de línguas que relatavam suas experiências com os gêneros textuais na escola. Teoricamente, eles estudam ou apenas se identificam com as contribuições e os conceitos propagados pela AD de modo geral, pois uma das maiores contribuições da AD em paralelo com a LT para o ensino de línguas é o fundamento da perspectiva discursiva de trabalho docente com ênfase nos gêneros do discurso/texto.

No Brasil, um dos pioneiros na teoria dos gêneros textuais para o ensino de línguas é o professor Luiz Antônio Marcuschi, que se baseou na proposta metodológica de elaboração de **sequências didáticas** (SDs) para trabalhar os gêneros.

Pensar os gêneros textuais no ensino de línguas requer mudanças no ensino superior. Isso equivale a dizer que os currículos dos cursos de Letras, por exemplo, passaram a (re)discutir os objetos de ensino de algumas disciplinas, como Práticas e Ensino, Didática e Estágio curricular do ensino de línguas. Um exemplo disso é o trabalho da pesquisadora Terezinha da Conceição Costa-Hübes (2012, p. 108), que defende "que o ensino da língua portuguesa estivesse pautado na concepção sociointeracionista da linguagem e que os gêneros discursivos fossem adotados como objeto de ensino" nos cursos de Letras, em especial nas intervenções dos estágios curriculares.

Seguindo a mesma linha de pensamento, a também professora e pesquisadora Ligia Paula Couto, no livro *Didática da língua espanhola* (2016), discute, em um dos capítulos, a aplicação de SDs* no ensino de língua estrangeira, em específico o ensino de espanhol. A autora defende que, conforme a teoria dos gêneros textuais, com a apresentação de situações concretas e próximas da realidade dos alunos, é possível trabalhar o desenvolvimento da leitura, escrita, oralidade e audição, que são as habilidades necessárias para o domínio de um idioma. Couto (2016) sustenta ainda que se podem considerar e explorar os aspectos culturais e a diversidade étnico-racial no ensino da língua espanhola, com a seleção dos gêneros textuais, dos autores e das autoras, bem como dos temas a serem trabalhados nas SDs.

Prova da importância do que viemos abarcar é o surgimento de congressos e seminários específicos para a discussão da temática, como o Simpósio Internacional de Estudos de Gêneros Textuais (Siget), que nasceu em 2003 e teve sua décima edição realizada em 2019. No ano de 2015, o evento, realizado pela parceria da Universidade de São Paulo (USP) com a Universidade Estadual de Campinas (Unicamp), tinha como tema a seguinte interrogação: Diálogos no estudo dos gêneros textuais/discursivos – uma escola brasileira?

Ao se colocar como espaço de discussão e articulação entre as diferentes perspectivas e abordagens das escolas dos gêneros textuais e discursivos, a organização do VIII Siget

---

* De acordo com Marcuschi (2008) e Couto (2016), originalmente, a proposta metodológica e os procedimentos de elaboração de sequências didáticas (SDs) para o ensino de línguas foram elaborados por Joaquim Dolz, Michèle Noverraz e Bernard Schneuwly para o ensino de francês no ensino fundamental na Suíça.

tomou por tema a questão de se nossos diálogos no estudo dos gêneros textuais/discursivos realmente instituem uma síntese ou "escola brasileira" com características próprias e, se a resposta é positiva, como isso acontece em diversos espaços: nas pesquisas e no diálogo com as diferentes tradições de estudo, também representadas por aqui, e no impacto no ensino e nas políticas públicas de educação linguística, principal, embora não único, campo de atuação social dos pesquisadores brasileiros. (Rojo, 2015, p. 2)

Destacada a importância dos estudos sobre gêneros textuais no Brasil, tendo em vista os eventos acadêmicos que vêm acontecendo, retomamos a abordagem das SDs como proposta metodológica para o ensino dos gêneros na educação. Marcuschi (2008) ilustra a estrutura de uma SD na imagem a seguir.

FIGURA 5.1 – ESQUEMA DA SEQUÊNCIA DIDÁTICA (SD)

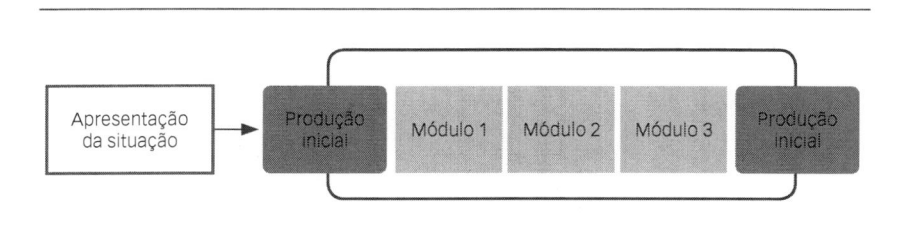

| Apresentação da situação | → | Produção inicial | Módulo 1 | Módulo 2 | Módulo 3 | Produção inicial |

FONTE: Marcuschi, 2008, p. 214.

Resumidamente, a SD é subdivida em níveis, etapas, que correspondem à apresentação da situação que indicará o processo da produção inicial, subdividido em três módulos (módulo 1, módulo 2, módulo 3 ou, dependendo da situação, com mais módulos – módulo N). No final desse processo, o resultado deve ser a mesma proposta de produção inicial finalizada. A ideia é de um aprendizado sistematizado e processual dos gêneros, que envolve sempre uma produção, uma leitura e uma análise dos gêneros a serem trabalhados na SD.

Couto (2016) explica que, na SD, a apresentação de uma situação revela alguma necessidade de produção de determinado gênero textual, observando-se que, desde o início, o conteúdo da SD é realizado de forma contextualizada, a partir da descrição de alguma necessidade que os alunos podem encontrar na vida real, e assim sucessivamente. Com o raciocínio desse contexto, inicia-se a produção do gênero discursivo, que pode enquadrar-se em qualquer uma das modalidades que apresentamos anteriormente. Aqui é pertinente destacarmos que a escolha do gênero textual também é definida pelas observações do perfil da turma (sempre que possível), o que geralmente é feito por uma sondagem inicial na forma de uma pesquisa, uma enquete que o professor pode promover na sala de aula, entre outras maneiras.

No segundo passo, Couto (2016) ressalta que, na primeira etapa da produção inicial, os professores podem acessar o conhecimento prévio dos discentes sobre a constituição do gênero que será trabalhado e, assim, organizar a próxima etapa de aprofundamento de estudos. Nesse processo, a terceira etapa da SD corresponde aos três módulos do processo de produção textual. Segundo Marcuschi (2008), no primeiro módulo geralmente são moldados os problemas que aparecem na primeira produção, pois é necessário fornecer aos alunos as ferramentas de que eles precisarão para superar as falhas manifestadas na produção inicial e que deverão ser corrigidas até o resultado final do processo, a entrega finalizada da produção inicial.

Ainda na segunda fase dos módulos da SD, para alcançar o objetivo mencionado, poderão ser realizadas atividades de observação e análise de textos para identificar se o gênero foi bem produzido, se há outras alternativas. Nesse momento, os alunos poderão comparar os textos produzidos e empreender a análise conjunta de problemas gerais ou coletivos etc. De acordo com Marcuschi (2008), o objetivo dessa etapa é que haja diálogo com os alunos sobre o que se está fazendo e que eles vejam o próprio trabalho.

No terceiro módulo do processo da SD, depois que os discentes aprendem a falar sobre o gênero textual ensinado e adquirem meios de observá-lo sob vários pontos de vista, eles deverão adquirir uma linguagem técnica para se expressar sobre o que estão fazendo. Esse é o momento de capitalizar todas as aquisições feitas durante os outros módulos sobre o gênero produzido (Marcuschi, 2008).

No final desse processo, há a última parte da SD, que corresponde à produção do gênero em questão. De acordo com Couto (2016), tendo em vista o processo de reescrita, de reformulação da produção inicial, é pertinente prever a circulação do gênero produzido pelos alunos. Esse aspecto induz os professores a sempre propor formas de divulgar e publicar as produções da turma.

Conforme já apontamos, o estudo do gênero na SD pode e deve ser feito sob uma perspectiva crítica discursiva. Para tanto, é necessário que levemos em conta a seleção dos textos, das autoras e dos autores e, em especial, dos temas. Dependendo do tema, dos assuntos a ser analisados por meio dos textos, também é relevante pensar nos suportes de circulação. Por exemplo, falsas notícias, também chamadas de *fake news*, são encontradas com mais facilidade em redes sociais e aplicativos de mensagens do que em outros suportes.

Síntese

Neste capítulo, discutimos as contribuições da AD para o trabalho com a linguagem e as relações estabelecidas entre a AD e o campo do ensino, por meio da análise sobre os gêneros do discurso e os gêneros textuais. Também resgatamos conteúdos apresentados nos capítulos anteriores, expusemos por que a AD pode ser considerada uma disciplina de leitura e interpretação e vimos em que consiste o conceito de leitura como gesto de interpretação.

Abordamos, ainda, as propostas dos documentos oficiais sobre o ensino de línguas no Brasil: PCNs (1998), Ocem (2006) e BNCC (2017). Tratamos da importância das metodologias no ensino de línguas que contemplem a perspectiva discursiva, principalmente a relevância da inserção dos gêneros do discurso/texto em suas múltiplas formas (escrita, oralidade, escuta, semiose etc.) nesse processo na sala de aula.

Sobre as contribuições da AD para o ensino de línguas e a abordagem dos gêneros do discurso e texto na escola, observamos que os documentos oficiais propõem uma perspectiva para o ensino de línguas no Brasil pautada na teoria dos gêneros discursivos, com o objetivo de tornar os sujeitos capazes de utilizar a língua de modo diverso, a fim de produzir efeitos de sentidos distintos e adequar o texto a diferentes situações de interlocução oral e/ou escrita. A BNCC acrescenta a necessidade de construção de uma visão crítica sobre os textos e os temas. Nesse processo de ensino/aprendizagem, o papel da escola é organizar atividades curriculares relativas ao ensino-aprendizagem da língua e da linguagem como forma de estímulo para a competência discursiva dos alunos. As sequências didáticas têm sido uma alternativa teórico-metodológica para alcançar tal fim.

O trabalho com os gêneros textuais e discursivos deve partir do pressuposto de que não há gênero textual mais adequado para ser trabalhado no ensino de línguas. Segundo a teoria dos gêneros textuais, todos os textos, independentemente de estruturas, suportes, função social etc., devem ser inseridos em igual proporção no ensino de línguas. Isso inclui gêneros de textos escritos, orais, imagéticos, audiovisuais etc.

Por fim, o trabalho com os textos na perspectiva dos gêneros não pode e não deve prescindir do trabalho com a interpretação e a compreensão textual, já que essas noções estão imbricadas.

Atividades de autoavaliação

1. Analise as afirmativas a seguir e indique V para as verdadeiras e F para as falsas.
   (   ) A AD é um campo de estudos advindo da linguística, cujos conteúdos teóricos que regem seus conceitos básicos, em razão de ser muito avançados, não podem contribuir para o ensino de línguas na nossa educação básica.

(   ) Um dos pontos de vista defendidos pela perspectiva discursiva para o ensino de línguas é o de que nossas habilidades linguísticas de articulação discursiva, que são naturalmente adquiridas, "deveriam" ser aprimoradas durante a nossa formação intelectual pela escola aliada à nossa cultura e vida social.
(   ) A leitura, assim como a linguagem, também é objeto de estudo da AD.
(   ) A AD é o único campo teórico e disciplinar que não envolve interpretação nos procedimentos metodológicos e de análise.
(   ) A AD, em sua essência, é uma teoria que envolve muita leitura, (inter)age pela interpretação, por isso preocupa-se bastante e tem muito a contribuir para as práticas de leitura no ensino de línguas.
(   ) De acordo com a AD, o sujeito, o leitor e a produção de sentidos não são considerados fenômenos discursivos.

Agora, assinale a alternativa que apresenta a sequência correta:
a. F, F, F, V, V, V.
b. F, V, F, F, V, V.
c. F, F, V, V, F, F.
d. F, V, V, F, V, F.
e. F, F, F, V, F, V.

2. Sobre a polissemia da noção de leitura, assinale a alternativa que indica as duas noções básicas de leitura presentes na AD:
a. Acepção e concepção.
b. Enunciação e acepção.
c. Recepção e anunciação.
d. Assimilação e acepção.
e. Concepção e noção.

3. Analise as afirmativas a seguir e indique V para as verdadeiras e F para as falsas.

( ) O conceito de acepção na AD corresponde à atribuição de sentidos; nela, a leitura se aplica tanto para o sentido de escrita quanto para a oralidade.

( ) O conceito de acepção corresponde ao sentido de alfabetização, à aprendizagem formal de ler e escrever.

( ) A AD apresenta somente uma concepção de leitura.

( ) A primeira concepção de leitura na AD corresponde à leitura de mundo e reflete a relação estabelecida entre leitura e noção de ideologia.

( ) A segunda concepção de leitura na AD está vinculada ao sentido acadêmico e pode ser considerada como advinda do ponto de vista linguístico, que visa às possibilidades de interpretação.

( ) A terceira concepção de leitura na AD corresponde à leitura mais voltada para a escolaridade, que pode ser vinculada à alfabetização, à aprendizagem formal de ler e escrever.

Agora, assinale a alternativa que apresenta a sequência correta:

a. F, F, F, V, V, V.
b. F, V, F, F, V, V.
c. F, V, V, F, V, F.
d. F, F, V, V, F, F.
e. V, F, F, V, V, V.

4. Sobre o que pode ser considerado, no conteúdo da leitura, um gesto de interpretação, **não** podemos afirmar:

a. Os modos de leituras que proporcionam os gestos de interpretação são muito variáveis e indicam diferentes formas de relacionamento entre leitores e textos.

b. A perspectiva discursiva do desenvolvimento da leitura como um gesto de interpretação prevê que, quando se lê, não deveria ser considerado apenas o que está dito, mas também aquilo que está implícito.

c. A metodologia de ensino com ênfase na perspectiva discursiva defende a tese de que se deve promover uma liberdade subjetiva exacerbada na formação de leitores.

d. A referência histórica é o único elemento que pode revelar se uma leitura ou uma linha de interpretação está equivocada ou não.

e. A AD contempla que a leitura interpretativa precisa considerar o enunciado, ao decifrar o que a voz, o sujeito "silenciado", por trás do texto diz.

5. Analise as afirmativas a seguir e indique V para as verdadeiras e F para as falsas.

( ) A metodologia de ensino que utiliza os gêneros textuais é pautada unicamente na preservação do ensino tradicionalista da gramática normativa.

( ) De acordo com os PCNs, cabe à escola organizar atividades curriculares relativas ao ensino-aprendizagem da língua e da linguagem, como forma de estímulo para a competência discursiva dos alunos.

(　) Segundo os documentos oficiais, é recomendado que somente textos escritos sejam trabalhados no ensino de línguas.

(　) Os gêneros textuais são a alternativa indicada pelos PCNs para desenvolver as habilidades linguísticas e discursivas dos alunos.

(　) Os gêneros do discurso são todos os diversificados enunciados estáveis que encontramos no nosso dia a dia.

(　) Se analisarmos a realidade de nossas escolas, é possível afirmar que não há nenhuma desproporção na abordagem dos gêneros textuais (escritos, orais, multimodais etc.) – todos são trabalhados com a mesma intensidade em nosso ensino de línguas.

Agora, assinale a alternativa que apresenta a sequência correta:

a. V, V, V, F, F, F.
b. F, V, F, V, V, F.
c. F, V, F, F, V, V.
d. V, V, F, V, V, F.
e. F, F, F, V, V, F.

Atividades de aprendizagem

Questões para reflexão

1. Como você entende que se aplicam os elementos da paráfrase e da polissemia na proposta de ensino de leitura e práticas de leituras com ênfase na perspectiva discursiva para o ensino de línguas? Qual a importância desse procedimento?

2. Com base nas reflexões sobre a AD como uma disciplina de leitura/interpretação e sua relação com a abordagem dos gêneros do discurso no ensino de línguas, discorra a respeito da importância da abordagem dos gêneros textuais na sala de aula. Descreva como você entende que as habilidades linguísticas e discursivas do aluno (oralidade, produção escrita, leitura e escuta) são contempladas, moldadas nos objetivos de aprendizagem de uma SD durante o processo de estudo e produção de um gênero.

Atividade aplicada: prática

1. O ano de 2020 foi marcado pela pandemia decorrente da covid-19 e, assim, estimulou a produção de diversos materiais que podem servir para análise discursiva, tanto como objetos de um trabalho acadêmico (um TCC ou artigo científico, por exemplo) quanto como uma atividade de língua portuguesa. Pesquise um texto sobre esse acontecimento e, com base nele, desenvolva um esquema de análise sobre os sentidos emergentes acerca da pandemia. Na análise, você deve considerar que:
a. os gestos de interpretação metaforizam acontecimentos reais como a pandemia;
b. "O texto é território movente, incerto, impreciso, ele mexe profusamente com a relação entre o dito e o não dito, com as bordas do silêncio, com o entremeio dos sentidos, observamos gestos de interpretação latentes na vontade de domesticar os sentidos do silêncio, as versões exploram múltiplas direções de sentido: o que as regem são as condições de produção, quer dizer, quem diz, pra quem diz, em que condições, em que situações etc." (Orlandi, 2020);

c. interpretar é se perguntar pelo sentido; nossas condições de existência, todavia, fazem com que o sentido para uns e para outros não sejam os mesmos, variando de pessoa para pessoa. No caso da AD, o sentido tem de ser autorizado pelo texto;
d. é importante pensar no que o texto diz, mas também no que ele faz para dizer o que diz: recursos, imagens (se for o caso), escolhas lexicais, efeitos que estas escolhas produzem.

Observação: o texto pode ser oral ou escrito, audiovisual, multimodal, pertencente a qualquer esfera ou domínio discursivo. O importante é que seja relacionado ao contexto da pandemia. Como indicação, gêneros textuais como tirinhas, charges, memes, *posts*, artigos de opinião, manchetes podem fornecer materiais instigantes para análise.

Indicações culturais

COUTO, L. P. Poderão os gêneros discursivos invadir nossas aulas? Vantagens dessa perspectiva para os processos de ensino-aprendizagem. In: COUTO, L. P. Didática da língua espanhola no ensino médio. São Paulo: Cortez, 2016. p. 65-80. (Coleção Docência em Formação: Ensino Médio, n. 1).

Esse é o primeiro capítulo da segunda parte do livro Didática da Língua espanhola, que integra a coleção Docência em Formação no Ensino Médio da Editora Cortez e foi coordenado pela professora Selma Garrido Pimenta. O referido livro é dividido em dois momentos. A primeira parte é composta por três capítulos, abrangendo temas como os princípios pedagógicos e didáticos para o ensino de espanhol que orientam o olhar reflexivo das autoras e a contextualização do objeto de estudo. A segunda parte tem sete capítulos, nos quais a autora Ligia Couto e outras docentes que também colaboraram na produção desse trabalho, de uma maneira mais didática e concreta, problematizam os princípios teóricos e pedagógicos que respaldam a primeira parte do livro. Nesse sentido, o intuito principal do primeiro capítulo da parte dois é abordar a importância da teoria dos gêneros discursivos, como aplicá-la e quais resultados podem ser obtidos nesse processo de ensino-aprendizagem; para assim aproximar mais os campos teórico e prático em torno dos gêneros do discurso no ensino de espanhol.

ORLANDI, E. P. **Volatilidade da interpretação**: política, imaginário e fantasia. 2020. Palestra proferida no canal da Associação Brasileira de Linguística (Abralin). Disponível em: <https://youtu.be/MjCsJxfiXtg>. Acesso em: 24 jul. 2020.

Essa palestra é um material rico para quem quer conhecer um exemplo de análise de textos na perspectiva da AD. A professora analisa, segundo alguns conceitos, em especial o de interpretação e o de gestos de interpretação, dois materiais colhidos em redes sociais.

BRASIL. Secretaria de Educação Fundamental. **Parâmetros curriculares nacionais**: terceiro e quarto ciclos do ensino fundamental – língua portuguesa. Brasília: MEC/SEF, 1998. Disponível em: <http://portal.mec.gov.br/seb/arquivos/pdf/portugues.pdf>. Acesso em: 24 jul. 2020.

Esse texto é a primeira edição dos Parâmetros Curriculares Nacionais, também conhecidos como PCNs, e volta-se para o ensino da disciplina de língua portuguesa nos últimos anos do ensino fundamental II. Há também outras versões dos PCNs que buscam dar novas perspectivas de ensino e orientam os objetivos das outras disciplinas da educação básica. Os PCNs de língua portuguesa foram escritos com a colaboração de diversos docentes que atuam no ensino de línguas. Esse documento oficial, publicado pelo MEC no ano de 1998 e com segunda edição em 2000, visa difundir um debate sobre educação que envolva escolas, família, governos e sociedade, a fim de se promover um ensino pautado na formação para a cidadania, estímulo à reflexão e à criticidade do aluno desde a educação básica, bem como outras metas de âmbito educacional.

BRASIL. Ministério da Educação. Secretaria de Educação Básica. Conhecimento de língua portuguesa. In: BRASIL. Ministério da Educação. Secretaria de Educação Básica. **Orientações curriculares para o ensino médio**: linguagens, códigos e suas tecnologias. Brasília, 2006. p. 17-46. v. 1. Disponível em: <http://portal.mec.gov.br/seb/arquivos/pdf/book_volume_01_internet.pdf>. Acesso em: 24 jul. 2020.

A primeira parte do documento oficial contempla a disciplina de língua portuguesa no ensino médio. O referido texto aborda itens importantes, como os objetivos de ensino em nosso contexto, a organização curricular, as novas propostas metodológicas para a prática docente etc. Com relação ao documento oficial como um todo, esse é o primeiro volume de três; estes dois últimos intitulam-se Ciências da natureza e suas tecnologias e Ciências humanas e suas tecnologias e foram elaborados por diversos professores das referidas áreas da educação. Tais textos foram publicados pelo Ministério da Educação em 2006 com o objetivo de também propor novos horizontes para as perspectivas pedagógicas aplicadas no ensino médio no Brasil. Como o tema do volume dois são as linguagens, os códigos e suas tecnologias, esse documento oficial é subdivido em seis momentos: conhecimentos de língua portuguesa; conhecimentos de literatura; conhecimentos de línguas estrangeiras; conhecimentos de espanhol; conhecimentos de arte; e por fim, conhecimentos de educação física.

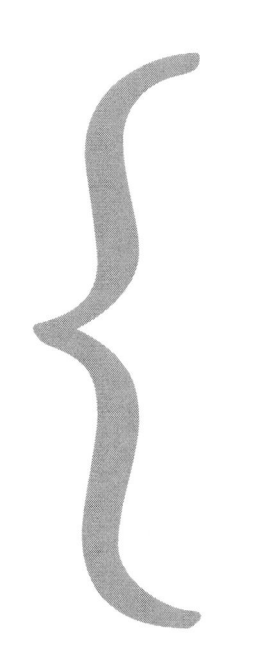

{

um O campo de emergência político e linguístico
    da análise do discurso (AD):
    o estabelecimento dos estudos do discurso
    no campo dos estudos da linguagem

dois Sujeito e sentido, a mútua constituição:
    a constituição dos sujeitos e dos sentidos
    em perspectiva discursiva

três Texto e discurso – discursividade

quatro Os gêneros do discurso e o campo da AD:
    os gêneros do discurso/texto como prática
    histórico-cultural

cinco AD e a relação com o campo do ensino:
    as contribuições da AD para o trabalho
    com a linguagem

seis Estudos do discurso: práticas e perspectivas contemporâneas

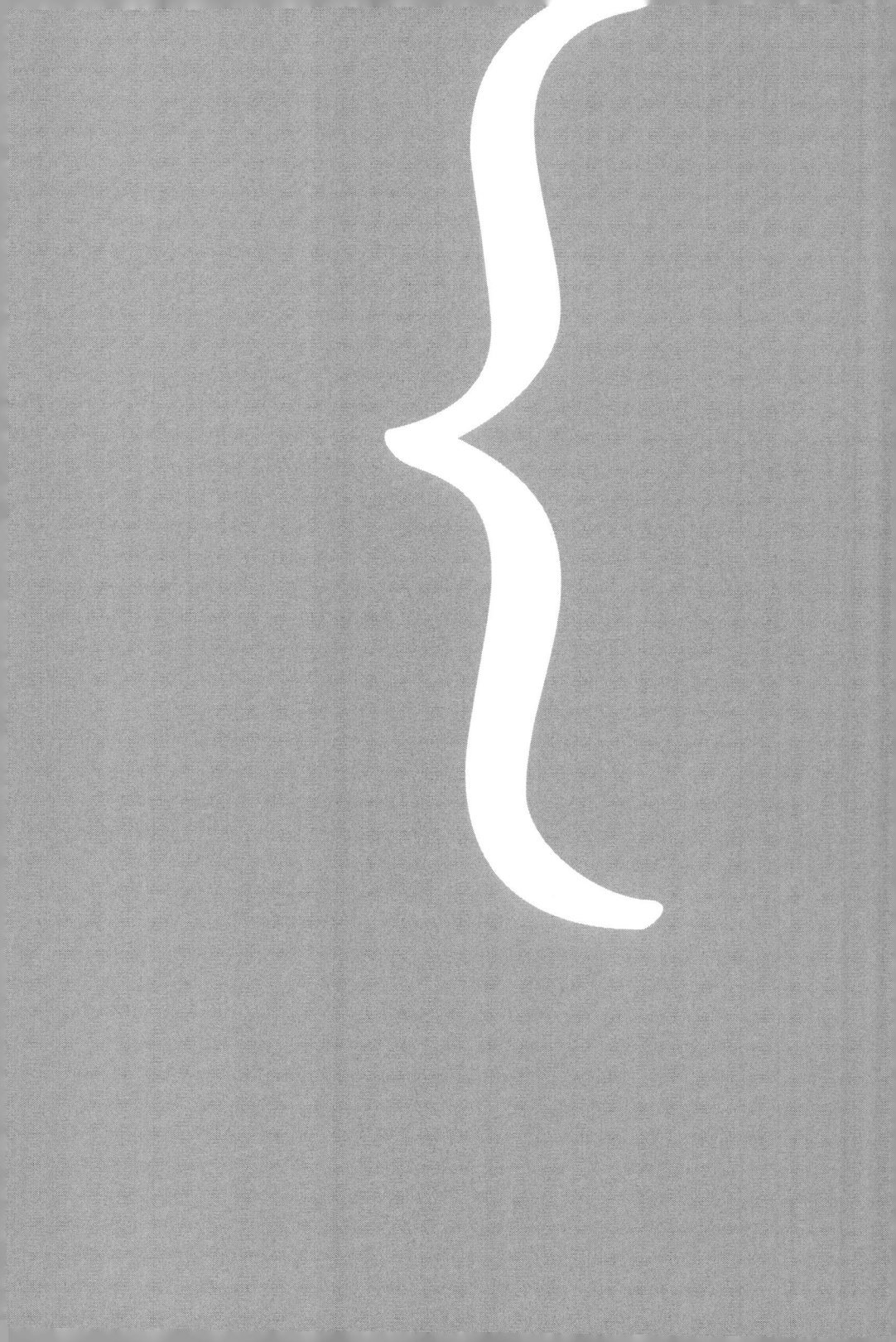

O QUE CHAMAMOS de *estudos do discurso*, conforme já apontamos nos outros capítulos, é um campo de pesquisa que vem crescendo desde os anos de 1970. Resumidamente, podemos dizer que há duas grandes ramificações nos estudos do discurso, uma que denominamos *análise do discurso* (AD) e outra que mencionamos brevemente no primeiro capítulo, chamada de *análise crítica do discurso* (ACD), *análise de discurso crítica* (ADC) ou *estudo crítico do discurso* (ECD). Para Gonçalves-Segundo (2017, p. 1):

> *Embora seja um campo relativamente novo de pesquisa – talvez só se possa falar em ECD, de fato, a partir do início da década de 1990 –, trata-se de uma perspectiva teórico-metodológica que vem crescendo mundialmente e que consiste, nos dias de hoje, em uma importante vertente dos estudos discursivos, deixando de ocupar a posição marginal que lhe coube inicialmente.*

No primeiro capítulo, abordamos os campos de sustentação/articulação da AD em suas principais vertentes. Orlandi, como vimos, uma das pioneiras no estabelecimento do campo da AD no Brasil, em texto de 1998, apontava:

> *A AD é uma espécie de antidisciplina, uma desdisciplina, que vai colocar questões da linguística no campo de sua constituição, interpelando-a pela historicidade que ela apaga, do mesmo modo que coloca questões para as ciências sociais em seus fundamentos, interrogando a transparência da linguagem sobre a qual elas se assentam.* (Orlandi, 1998, p. 25)

Em sua tese de doutorado em Linguística, intitulada *Sentidos do percurso da análise de discurso no Brasil na voz de pesquisadores da área*, Maria Eunice Teixeira (2014, p. 46) menciona que a nova perspectiva de estudos, que colocava "a relação entre história, sujeito e língua na constituição do sentido", teve origem na Europa, mais especificamente na França, com os estudos de Pêcheux. Naquele momento, essa nova perspectiva chegava ao Brasil por meio das pesquisas de Orlandi e suas publicações. A pesquisadora teria tomado conhecimento da AD nos períodos em que esteve na França, entre os anos de 1968 e 1970 (Teixeira, 2014).

Para Melo (2009, p. 4), a AD "consiste numa corrente desenvolvida majoritariamente na França e que trata a língua em seu processo histórico, atende a uma perspectiva não imanentista e não formal da linguagem e privilegia as condições de produção e recepção textual, bem como os efeitos de sentido".

Podemos dizer que, em um movimento natural, foram surgindo outros elementos teóricos no campo da AD, resultando no aparecimento de desdobramentos e correntes. Entre eles, temos a análise do discurso crítica (ADC):

> *A ADC estuda textos e eventos em diversas práticas sociais, propondo uma teoria e um método para descrever, interpretar e explicar a linguagem no contexto sócio-histórico. [...] a ADC desenvolveu o estudo da linguagem como prática social, com vistas à investigação de transformações na vida social contemporânea [...]. A ADC oferece uma valiosa contribuição de linguistas para o debate de questões ligadas ao racismo, à discriminação baseada no sexo, ao controle e à manipulação institucional, à violência, à identidade nacional, à autoidentidade e à identidade de gênero, à exclusão social.* (Magalhães, 2005, p. 3)

Para conhecer um campo novo ou com o qual não estamos acostumados a lidar, é necessário entender de onde ele veio, quais diálogos e desvios estabelece, como se configuram os movimentos paralelos e contrários.

Antes de explorar a ADC, vamos conhecer um pouco mais sobre o campo de pesquisa em AD no Brasil. O primeiro passo já foi dado nesta introdução, com a exposição das principais abordagens dos estudos do discurso, que podemos nomear como *AD* e *ADC*.

Nos capítulos anteriores, evidenciamos como alguns autores e algumas autoras estão diretamente ligados ao surgimento do campo da AD no Brasil, como Eni Orlandi e Beth Brait. Além disso, embora Bakhtin não tenha organizado ou criado uma teoria de análise do discurso, seus estudos, suas ideias foram desencadeadores de uma perspectiva teórico-analítica dialógica, que dá sustento a pesquisas na área da linguagem e das ciências humanas, que se chama *análise dialógica do discurso* (ADD).

Segundo as proposições teóricas do francês Patrick Charaudeau, existe outra linha chamada *análise semiolinguística do discurso*. Abordaremos a importância do livro *Novas tendências em análise do discurso*, de Dominique Maingueneau (1987), considerado um dos marcos da AD nas pesquisas brasileiras.

Por fim, conheceremos o campo da AD em sua vertente crítica: a ADC, que dialoga com uma perspectiva de tradição de língua inglesa, com Norman Fairclough, e da língua holandesa, com Teun van Dijk, dois dos autores fundantes da área. São autores como Fairclough e Van Dijk que trazem como base epistemológica a teoria social crítica e mostram como seus desdobramentos incidem sobre o discurso. Na última parte, procuraremos destacar os principais objetivos da ADC, que, conforme Gonçalves-Segundo (2017, p. 3), podem ser descritos como "a denúncia e a desconstrução das relações de poder e o empoderamento dos grupos oprimidos e/ou marginalizados, por meio da conscientização linguística e da intervenção social". Nesse sentido, é uma linha de pesquisa que se relaciona fortemente com a discussão sobre direitos humanos que faremos ao final do capítulo.

seispontoum
A pesquisa em AD e suas principais ramificações no Brasil

Embora tenhamos como objetivo detalhar a ADC, agora vamos nos deter um pouco mais no surgimento do campo da AD no Brasil. Esse movimento é necessário para que você entenda que o surgimento de correntes diferentes pode acontecer de modo paralelo, praticamente ao mesmo tempo, ou pode ocorrer quando surge alguma renovação teórica, uma proposta diferente de olhar/analisar um objeto de estudos.

Conforme mencionamos anteriormente, o campo da AD no Brasil surgiu, em especial, com os estudos de Orlandi.

> *Nos primeiros anos da Análise de Discurso no Brasil, seus pesquisadores fundaram o Grupo de Trabalho em Análise de Discurso (Getad) e Eni Orlandi foi a sua primeira coordenadora. O Grupo faz parte da Associação Nacional de Pós-graduação e Pesquisa em Letras e Linguística (Anpoll). Desde o início, a Anpoll, fundada, em 1984, por professores das áreas de Letras e Linguística, reunidos em Brasília, foi organizada em grupos de trabalho. O Getad se formou no I Congresso Nacional da Anpoll em novembro de 1986, em Curitiba, e Eni Orlandi organizou o seu primeiro encontro em maio do ano seguinte, no II Encontro Nacional da Anpoll, realizado no Rio de Janeiro. Havia uma demanda para que os pesquisadores em Análise*

> *de Discurso se organizassem, em busca de reconhecimento e visibilidade. A entrada na Anpoll, principal entidade representativa dos programas de pós-graduação em Letras e Linguística do país, era a oportunidade de congraçamento dos pesquisadores, para a reflexão de seus fundamentos teóricos, dos rumos de suas pesquisas e também de uma demarcação teórica e institucional da área [...].* (Teixeira, 2014, p. 48)

Paralelamente, na mesma época, alguns professores de cursos de Letras começaram a utilizar, em suas aulas, e posteriormente nas pesquisas, o pensamento de Bakhtin. Com base em texto de Brait (2008), outra precursora da área da AD no Brasil, Teixeira (2014, p. 49) atenta para o fato de que

> *Bakhtin não formulou, em momento algum, preceitos, sistematicamente organizados em uma teoria, que se designasse com o nome de Análise Dialógica do Discurso. Porém, suas ideias foram desencadeadoras de uma perspectiva teórico-analítica dialógica, que dá sustento a pesquisas na área da linguagem e das Ciências Humanas, e que, atualmente, se chama, no Brasil, Análise Dialógica do Discurso [...].*

Ainda com o objetivo de fornecer um breve panorama dos estudos do discurso no Brasil, seguimos com os apontamentos de Teixeira sobre outra linha de pesquisa. A autora indica que, no país, há "pesquisadores que inscrevem seus trabalhos na teoria do discurso formulada pelo linguista francês Patrick Charaudeau, a qual alguns designam como Análise Semiolinguística do Discurso" (Teixeira, 2014, p. 51). Por questões de limitação devido aos objetivos do capítulo, não vamos detalhar essa linha. Contudo, é importante que você saiba da existência de diferentes correntes.

Outra corrente bastante difundida pela pesquisa no Brasil e também de linha francesa é aquela ligada ao teórico francês Maingueneau. Examinamos alguns postulados desse autor no primeiro capítulo e conhecemos sua visão sobre discurso no quarto capítulo.

> *Um dos marcos da presença da Análise de Discurso, na perspectiva de Maingueneau, foi a tradução do seu livro Novas tendências em análise do discurso, publicada no Brasil em 1987. Sírio Possenti, docente da Unicamp, tem sido um dos principais divulgadores do pensamento de Maingueneau no Brasil. Além de diversos artigos que discutem noções formuladas por Maingueneau ou que foram escritos a quatro mãos com o próprio pensador, Sírio Possenti já publicou diversos livros nessa perspectiva, tais como Doze conceitos em análise do discurso, com textos de Dominique Maingueneau, Contribuições de Dominique Maingueneau para a análise de discurso e a tradução de Gênese do discurso.* (Teixeira, 2014, p. 52)

Diante do exposto até o momento, cabe, então, analisarmos mais de perto como se configuram os estudos críticos do discurso conhecendo um pouco sobre a ADC.

seispontodois
Análise de discurso crítica (ADC): constituição do campo dentro e fora do Brasil

Nesta seção, apresentaremos um campo ainda não explorado: a análise do discurso crítica (ADC). Essa área da AD será tematizada porque está em franca ascensão no Brasil e ocupa hoje um lugar de destaque nas pesquisas sobre discurso. A urgência desse campo caminha junto com as urgências das questões sociais, notadamente o racismo, temática dos primeiros escritos da ADC e que norteará toda a nossa discussão do Capítulo 6. Em uma área tão vasta como a AD, é sempre delicado indicarmos marcos inaugurais, mas é um exercício que muitos têm se dedicado a fazer. Nesse sentido, definir os eventos que apontam o início da ADC é um desafio.

A princípio, já nos deparamos com a problemática da tradução. Em nosso país, o termo *critical discourse analysis* ora é traduzido como *análise crítica do discurso*, ora como *análise do discurso crítica*. De forma geral, podemos afirmar que isso não tem impactado negativamente o campo, já que não altera as bases epistemológicas de fundamentos da área. Segundo os escritos que dão o contorno a essa área, para os analistas do discurso críticos interessa trazer para o campo da linguagem as desigualdades sociais que impactam a vida dos sujeitos, por meio de uma análise que se pretenda não parcial e crítica dos fenômenos sociais em que o discurso tem um papel central.

> A ACD trata de evitar o postulado de uma simples relação determinista entre os textos e o social. Tendo em consideração as intuições de que o discurso se estrutura por dominação, de que todo discurso é um objeto historicamente produzido e interpretado, isto é, que se acha situado no tempo e no espaço, e de que as estruturas de dominação estão legitimadas pela ideologia de grupos poderosos, o complexo enfoque que defendem os proponentes [...] da ACD permite analisar as pressões provenientes de cima e as possibilidades de resistência às relações desiguais de poder que aparecem em forma de convenções sociais. (Wodak, 2003, citada por Pedrosa, 2005, p. 37)

O C de crítica para essa corrente da AD merece uma reflexão. A ADC inegavelmente dialoga com uma visão marxista de pensar as relações sociais, e esse termo ancora alguns de seus significados nessa base. Não devemos dissociar o discurso das tensões e dos conflitos sociais, ao contrário: o objetivo é ter uma lente de aumento para ler criticamente o mundo e a forma como ele transforma as diferenças em desigualdades.

De acordo com Magalhães (2005) e Ottoni (2007), a ADC, ou, como o próprio Fairclough (2001) se refere, os estudos críticos do discurso (ECD), é considerada herdeira da perspectiva teórica intitulada *linguística crítica* (LC), iniciada pelos pesquisadores Roger Fowler e Guther Kress, da Universidade de East Anglia, na Grã-Bretanha, no ano de 1979. Segundo Magalhães (2005), o linguista britânico Norman Fairclough, da Universidade de Lancaster, foi um dos pioneiros a utilizar a terminologia *análise de discurso crítica*, em um artigo no *Journal of Pragmatics*.

Tanto Fairclough (2005) quanto Magalhães (2005) relatam que, na origem de tais vertentes teóricas, a LC e a ADC foram extremamente influenciadas por pesquisas originárias principalmente da teoria crítica, uma vertente do eixo teórico da teoria social. Tais perspectivas teóricas são fortemente ligadas aos trabalhos dos filósofos Michel Foucault e Antonio Gramsci, membros da escola de Frankfurt. A LC contribuiu bastante para uma eventual compreensão da linguagem e "sua relação com o social e com noções de ideologia e poder. Com o desenvolvimento desta perspectiva teórica chegou-se à proposição da Análise de Discurso Crítica" (Ottoni, 2007, p. 19).

Resende e Ramalho (2009) postulam que a ADC também forma parte do campo da ciência social crítica, pois nessa área são desenvolvidas pesquisas sobre mudança social na sociedade moderna. Dialogando com as autoras, Van Dijk (2010, p. 113, tradução nossa) define a ADC como "um tipo de investigação analítica e discursiva que estuda principalmente como o abuso de poder, a dominação e a desigualdade são representados, reproduzidos e combatidos por textos orais e escritos no contexto social e político".

Assim, de acordo com a definição de Van Dijk (2010), podemos compreender que a ADC seria uma vertente da teoria social do discurso, porque ela envolve a AD com ênfase em uma percepção da linguagem como fato social. Van Dijk (2010) e Pereira (2011) apresentam a ACD como uma vertente da AD. Para os autores, a ADC também se tornou um eixo metodológico, cujo objeto de estudo seria texto, discurso e contexto social. A AD "compartilha a preocupação de todas as aproximações qualitativas com o significado da vida social, mas tenta fornecer um questionamento mais profundo sobre o estudo de sentido" (Pereira, 2011, p. 90).

Pereira (2011, p. 90) elenca que a contribuição mais importante do eixo teórico da ADC para a sociedade contemporânea seria o "fato dela examinar o modo pelo qual a linguagem constrói os fenômenos, e não apenas como ela os reflete ou os revela". Para Sales (2012), os textos sob a influência das ideologias são também repletos do elemento da interdiscursividade, e a grande marca representacional desta se manifesta nas escolhas lexicais, pois "é por intermédio do vocabulário que se podem divisar os temas ali tratados, bem como a perspectiva particular de representação" (Sales, 2012, p. 40). Dialogando com a autora, Pereira (2011) acrescenta que o papel das ações discursivas no processo de construção e sustentação das relações de poder seria analisar como sujeitos manipulam os esquemas discursivos que repercutem na luta dialógica, com o intuito de privilegiar algum discurso específico e delimitar a influência de outros tipos de discursos.

Congruente com Pereira (2011), Sales (2012) argumenta que, para a ADC, o discurso seria orientado tanto pelo interlocutor, potencial ou real, quanto por todos os enunciados e discursos que o precedem. Portanto, a tendência desses diálogos nos textos é que haja ostentação de polêmicas, que poderão ser explícitas ou implícitas. Por esse motivo, Sales (2012) nos induz a refletir que a linguagem se torna um palco pela luta hegemônica. A autora ainda salienta que a ADC nos indica que é "**no e pelo** discurso" (Sales, 2012, p. 34, grifo do original) que o combate pela hegemonia é travado, e que este, por sinal, é alinhavado por meio da noção ideológica.

Por essa razão, compreendemos que, segundo a argumentação de Sales (2012), os eixos que norteiam o campo envolvem a identificação dos sujeitos que se beneficiam dos discursos ideológicos e da forma como estes sustentam o desequilíbrio da desigualdade nas relações de poder. Ottoni (2007) e Pereira (2011) esclarecem que o discurso seria um modo de ação pelo qual as pessoas podem agir sobre o mundo e, principalmente, de alguma maneira repercutir na vida de outras pessoas, porque, "nisso consiste a dialética entre discurso e sociedade: o discurso é moldado pela estrutura social. [...] Não há, portanto, uma relação externa entre linguagem e sociedade, mas uma relação interna e dialética" (Pereira, 2011, p. 91). Nesse sentido, a relação entre discurso e estrutura social é um fenômeno intrínseco, pois ambos são moldados um pelo outro.

O autor ainda complementa que o "discurso centra-se na linguagem, nos conteúdos, na lógica dos discursos e na relação com os poderes que se escondem atrás desses discursos" (Pereira, 2011, p. 93), de tal forma que as relações discursivas apresentam a capacidade de criar padrões, estabelecer regras e comportamentos e definir códigos de conduta comuns a grupos e classes sociais na sociedade como um todo. Em concordância com Pereira (2011) e Sales (2012), enfatizamos que o que difere a abordagem teórica da ADC das demais vertentes do eixo epistemológico da AD seria a prioridade atribuída pelo(a) pesquisador(a) à dimensão crítica relacionada "com uma preocupação explícita com o exercício do poder nas relações sociais, o que inclui as relações de gênero e classe social" (Magalhães, 2005, p. 6).

Desse modo, esse campo de saber relaciona como bases fundantes as questões de linguagem, poder e desigualdades sociais, defendendo que a ideologia, a hegemonia e as práticas sociais impactam e são impactadas pelo discurso. Em um contexto de disputas de narrativas como o que estamos vivendo em nosso país atualmente, é importante destacar o que esses termos significam para autores como Van Dijk (1984, citado por Resende; Ramalho, 2004) e Fairclough (1989), largamente reconhecidos como fundantes dessa vertente da AD.

Conceito de hegemonia

> É um conceito que sugere processo e luta articulatória com pressões e limites específicos mutáveis, envolve, portanto, mais articulação e aliança entre forças sociais do que capacidade e implica, ao contrário de constituir-se em caráter definitivo, a necessidade de ser continuamente renovada, recriada, defendida e sustentada. Para um grupo se manter temporariamente em posição hegemônica, portanto, é preciso estabelecer liderança moral, política e intelectual na vida social, por meio da difusão de uma visão de mundo particular pelo tecido da sociedade como um todo, igualando, assim, o próprio interesse de um grupo em aliança com o da sociedade em geral (Eagleton, 1997, p. 108).

> A esfera responsável por essa difusão ideológica é a sociedade civil, no âmbito da qual as classes buscam ganhar aliados para os seus projetos com a manutenção da direção e do consenso. Dessa forma, é mais apropriado falarmos em direção em vez de dominação hegemônica (Resende; Ramalho, 2004, p. 194).

Conceito de ideologia

> Segundo Eagleton (1997, p. 105-106), há distintas maneiras de instaurarmos e sustentarmos temporariamente a hegemonia. A ideologia é uma dessas maneiras de assegurar o consentimento por meio de lutas de poder levadas a cabo no nível da significação e do momento semiótico. Por esse motivo, a análise da prática social particular pode receber a contribuição dos estudos sobre os modos de operação da ideologia de Thompson (1990, citado por Resende; Ramalho, 2004). Na teoria social crítica de Thompson (1990, citado por Resende; Ramalho, 2004), o conceito de ideologia é inerentemente negativo. Ao contrário das concepções neutras – que tentam caracterizar fenômenos ideológicos sem implicar que esses fenômenos sejam, necessariamente, enganadores e ilusórios, ou ligados aos interesses de algum grupo em particular –, a concepção crítica de Thompson postula que a ideologia é, por natureza, hegemônica, no sentido de que ela necessariamente serve para estabelecer e sustentar relações de dominação e, por isso, serve para reproduzir a ordem

social que favorece indivíduos e grupos dominantes. A ideologia é classificada por Chouliaraki e Fairclough (1999, p. 26) como construções discursivas (Resende; Ramalho, 2004, p. 197-198).

Conceito de prática social

Harvey (1996) defende que o discurso é apenas um momento do social e que sua relação com outros momentos é uma questão para se avaliar. O autor identifica os seguintes momentos das práticas: relações sociais, poder, práticas materiais, crenças/valores/desejos, instituições/rituais e discurso. Postula que cada momento internaliza os outros sem ser redutível a nenhum deles. Chouliaraki e Fairclough (1999, p. 29) adaptam os momentos identificados por Harvey (1996) e propõem que a prática social é composta de discurso (ou semiose), atividade material, relações sociais (relações de poder e luta hegemônica pelo estabelecimento, manutenção e transformação dessas relações) e fenômeno mental (crenças, valores e desejos – ideologia). Esses momentos da prática social se entrecruzam, sem se reduzir um ao outro, pela internalização e pela articulação (Resende; Ramalho, 2004, p. 192). A abordagem de redes de práticas é importante na ADC por, no mínimo, dois motivos: 1) as práticas assim compreendidas são determinadas umas pelas outras, e 2) cada prática pode articular outras, com diversos efeitos sociais. As redes de práticas são sustentadas por relações sociais de poder, e as articulações entre práticas estão ligadas a lutas

> hegemônicas. Desse modo, permanências de articulações entre práticas são compreendidas como efeito de poder sobre redes de práticas, e tensões pela transformação dessas articulações são vistas como lutas hegemônicas. Dado o caráter inerentemente aberto das práticas sociais, toda hegemonia é um equilíbrio instável, e a ADC como prática teórica emancipatória trabalha nas brechas ou nas aberturas existentes em toda relação de dominação. O conceito gramsciano de hegemonia converge com a proposta dialética da ADC de pensar as práticas sociais como essencialmente contraditórias e em permanente transformação (Resende; Ramalho, 2004, p. 196).

Retomando os postulados sobre discurso discutidos no Capítulo 2, é possível afirmar que, tendo em vista a ideologia, a hegemonia e as práticas sociais, o discurso é uma prática que afeta e é afetada, instaurada em uma dialética com os fatores anteriormente mencionados. Ter essa noção implica trazer à cena o campo das práticas discursivas que podem ser lidas em Fairclough (2001) sob diferentes ângulos, uma vez que, de alguma forma, servem de elo entre as práticas sociais e o discurso, ou muitas vezes se configuram como o próprio discurso, nas próprias palavras do autor:

> *A prática discursiva é constitutiva tanto de maneira convencional como criativa: contribui para reproduzir a sociedade (identidades sociais, relações sociais, sistemas de conhecimento*

e crença) como é, mas também contribui para transformá-la. Por exemplo, as identidades de professores e alunos e as relações entre elas, que estão no centro de um sistema de educação, dependem da consistência e da durabilidade de padrões de fala no interior e no exterior dessas relações para sua reprodução. Porém, elas estão abertas a transformações que podem originar-se parcialmente no discurso: na fala da sala de aula, do parquinho, da sala dos professores, do debate educacional, e assim por diante.

É importante que a relação entre discurso e estrutura social seja considerada como dialética para evitar os erros de ênfase indevida; de um lado, na determinação social do discurso e, de outro, na construção do social no discurso. [...]

Mas isso não é suficiente. Essas duas dimensões são mediadas por uma terceira que examina o discurso especificamente como prática discursiva. 'Prática discursiva' aqui não se opõe à 'prática social': a primeira é uma forma particular da última. Em alguns casos, a prática social pode ser inteiramente constituída pela prática discursiva, enquanto em outros pode envolver uma mescla de prática discursiva e não discursiva. A análise de um discurso particular como exemplo de prática discursiva focaliza os processos de produção, distribuição e consumo textual. Todos esses processos são sociais e exigem referência aos ambientes econômicos, políticos e institucionais particulares nos quais o discurso é gerado. (Fairclough, 2001, p. 92, 99)

O discurso é uma atividade, um trabalho, um processo que se realiza na interação entre sujeitos, atores sociais – por meio de ações coletivas –, que ocorre em processos sociais, daí o discurso ser uma "prática social não uma atividade puramente individual ou reflexo de variáveis situacionais" (Fairclough, 2001, p. 90). Nessa discussão, outro aspecto ganha relevo para a ADC: o contexto. Como a noção de contexto é muito preciosa para a ADC, devemos explicitar as diferenças principais dessa concepção no próprio campo.

Existe uma diferença entre autores como Van Dijk e Fairclough para tratar das questões contextuais nas quais repousam os discursos. Na própria definição de práticas sociais, o discurso estabelece uma série de relações para que possamos adentrar na análise textual tal qual proposta por Fairclough (2001). Segundo esse autor, o contexto inclui elementos sociopsicológicos, políticos e ideológicos e por isso postula um procedimento interdisciplinar. Como vimos, em consonância com Fairclough (2001), em razão do fato de os discursos serem históricos, eles só podem ser entendidos dentro de seus contextos.

Para Van Dijk (2008a), não podemos descartar o aspecto cognitivo para a discussão do contexto. Tomando como exemplo a problemática do racismo, ele afirma:

> Se quisermos considerar o papel do discurso na reprodução do racismo na sociedade, necessitamos obviamente de uma abordagem integrada [referindo-se à integração discurso-cognição-sociedade]. (Van Dijk, 2006, p. 161, tradução nossa)
>
> Até onde eu sei, existe, no presente, apenas uma abordagem coerente, explícita e empiricamente garantida/segura que preenche tais condições: *uma abordagem sociocognitiva do contexto*. (Van Dijk, 2006, p. 163, tradução nossa)
>
> Contexto é definido como a estrutura mentalmente representada daquelas propriedades da situação social que são relevantes para a produção ou compreensão do discurso. (Van Dijk, 2008a, p. 119, tradução nossa)

Nesse sentido, os contextos não são restrições objetivas, mas têm um caráter subjetivo de compreensão do que afeta a sociedade e/ou cultura. Segundo ambos os autores, Fairclough e Van Dijk, podemos afirmar que não existe um determinismo social dos contextos. Essa questão é importante porque deixa em aberto a possibilidade de os sujeitos não apenas reproduzirem as desigualdades sociais, mas também transformá-las. Essa discussão permite mostrar a famosa tríade idealizada por Fairclough (2001) para explicar como um/uma analista do discurso crítico deve estabelecer as relações, sempre dialéticas, entre todos esses fatores do campo social na análise da materialidade discursiva: os textos.

Figura 6.1 – Concepção tridimensional de discurso

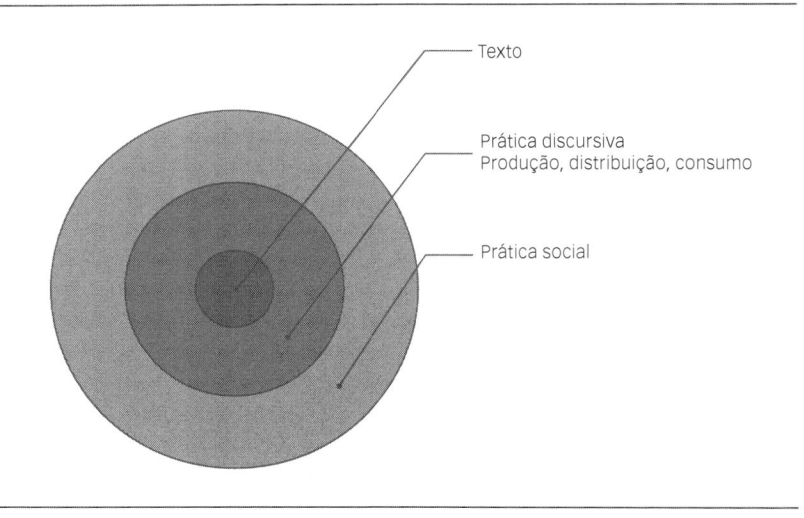

- Texto
- Prática discursiva
  Produção, distribuição, consumo
- Prática social

FONTE: Fairclough, 2001, p. 101.

Nessa tríade, é possível perceber como as práticas sociais, as práticas discursivas e o texto são fundamentais para entender os discursos. Em seu livro, Fairclough (2001) une algumas tradições analíticas que considera fundamentais: as relacionadas aos estudos do texto e da linguística de forma mais geral, as relacionadas com as questões macrossociais e as que dizem respeito a como os sujeitos partilham por meio da linguagem suas formas de comunicabilidade e seu entendimento de mundo. Tendo em vista a discussão dos outros capítulos, nos quais trouxemos as perspectivas mais vinculadas ao campo da AD, podemos perceber que não é possível considerar a AD e a ADC como intercambiáveis. Estão em campos de construção de conhecimentos que partem de premissas diferentes, ainda que tenham como escopo a análise dos discursos que permeiam a sociedade. Vieira e Macedo (2018, p. 64) trazem um quadro, que consideramos muito explicativo e didático, para pontuar as principais características dessas duas áreas e, assim, explicitar melhor em que pontos dialogam e em que pontos se afastam.

Quadro 6.1 – Características da ADC e da AD

ADC	AD
Análise do discurso como instrumento político contra a injustiça social.	Análise do discurso como procedimento epistemológico sobre a língua.
Os analistas do discurso são posicionados e devem formular pesquisas que exerçam ações de contrapoder, de contraideologia, de resistência, de resistência à opressão social. A neutralidade do pesquisador, em uma pesquisa, o torna cúmplice das estruturas sociais que ele investiga.	Os analistas do discurso contribuem com as hermenêuticas contemporâneas supondo que um sentido oculto deve ser captado. Sem uma técnica específica, tal sentido permanece inacessível.
Discurso é modo de ação, é prática social que altera o mundo e os indivíduos nesse mundo em relações de poder e por ideologias.	Discurso é uma forma de materialização ideológica. Enfatiza a reprodução da ideologia no discurso; é uma dispersão de textos cujo modo de inscrição histórica permite defini-los como um espaço de regularidades enunciativas.

(continua)

(Quadro 6.1 – conclusão)

ADC	AD
Análise discursiva textualmente orientada (análise da superfície discursiva sustentada pela análise textual).	O que interessa não está na superfície do discurso, mas nos mecanismos de produção de sentidos do funcionamento discursivo.
Sujeito – ator social atuante; ator ideológico.	Sujeito social passivo.
Prática social transformadora, resistência, desnaturalização das práticas sociais.	Não trata da resistência do discurso, da natureza dinâmica das práticas discursivas que provocam mudanças sociais.
Objetivos determinados; propósitos comunicacionais.	Objetivos determinados: propósitos textuais.
Método internacionalista – psicologia e sociologia.	Método estruturalista – linguística estruturalista.

FONTE: Vieira; Macedo, 2018, p. 64.

Na próxima seção deste capítulo, veremos isso de forma mais detalhada ao apresentarmos o campo das pesquisas da ADC em nosso país e algumas das publicações que acabaram por dar-lhe contorno, sobretudo a partir do ano de 1985.

seispontotrês
ADC e o campo das pesquisas no Brasil

Nesta seção, abordaremos o potencial que rapidamente a ADC adquiriu desde suas primeiras publicações nos anos de 1980. O campo expandiu-se de forma exponencial nas últimas décadas. No Brasil, foi fundamental a tradução do livro *Discurso e mudança social* (2001), de Fairclough, realizada por Maria Izabel Magalhães, uma das representantes mais reconhecidas dessa área em nosso país. A publicação *Prejudice in Discourse*, de Van Dijk (1984, citado por Resende; Ramalho, 2004), deu o tom político da ADC ao lançar luz – sob uma perspectiva de discurso como prática, e não apenas como um modo de espelhar a realidade – sobre como é possível discutir e analisar a forma como questões sociais (por exemplo, o racismo) aparecem nos discursos que são frutos de nossas práticas sociais. Essa publicação foi seguida por outras importantes até que Fairclough (1985) cunhasse o termo *análise de discurso crítica* em uma publicação do *Journal of Pragmatics*. Nesse caso, também é possível perceber a relação estreita que a ADC tem com o campo da pragmática, tema que será abordado em outra seção deste livro.

Elencamos, no quadro a seguir, alguns marcos, as publicações principais que deram o contorno dessa área, tendo em vista seus autores e suas autoras mais proeminentes.

Figura 6.2 – Linha do tempo da ADC: obra, autor e ano

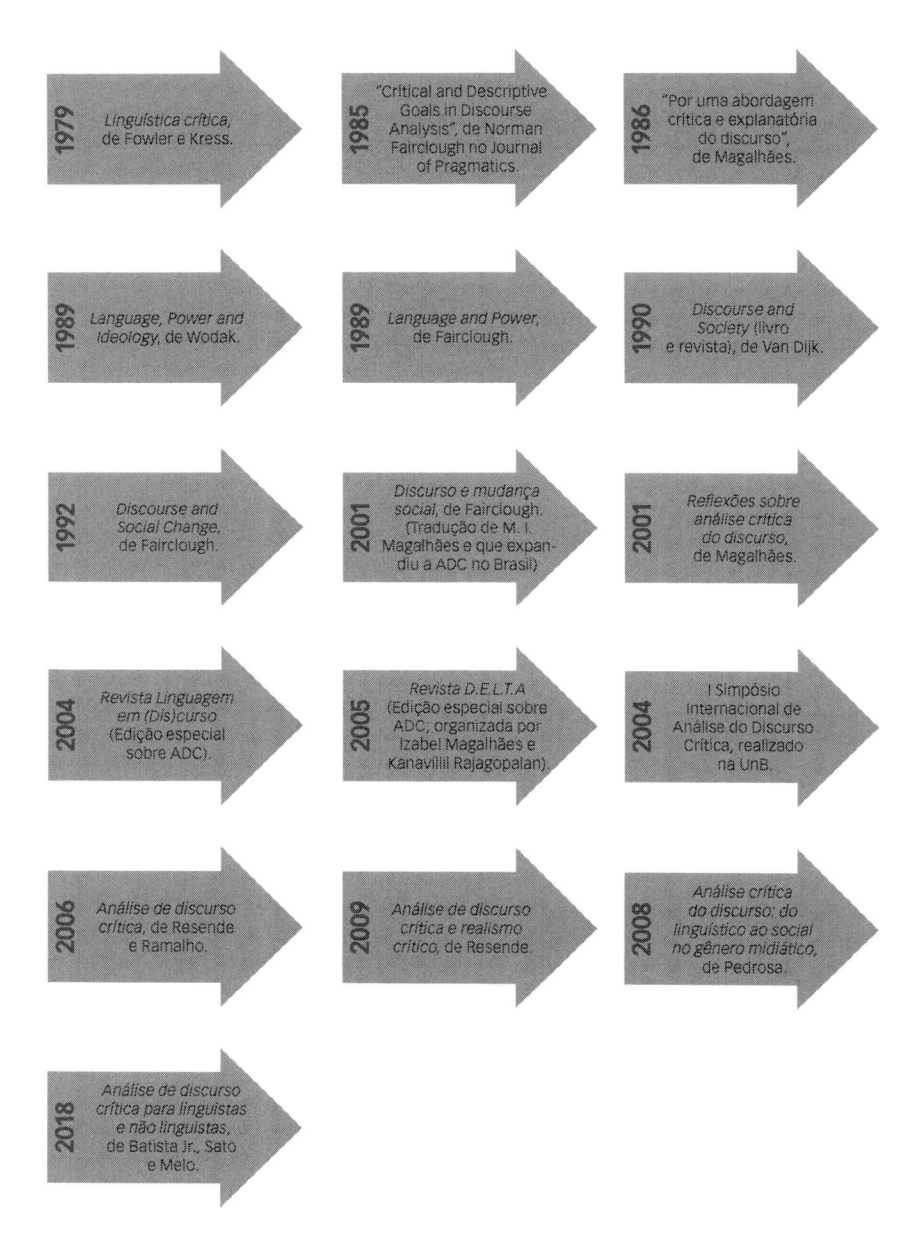

- **1979**: *Linguística crítica*, de Fowler e Kress.
- **1985**: "Critical and Descriptive Goals in Discourse Analysis", de Norman Fairclough no Journal of Pragmatics.
- **1986**: "Por uma abordagem crítica e explanatória do discurso", de Magalhães.
- **1989**: *Language, Power and Ideology*, de Wodak.
- **1989**: *Language and Power*, de Fairclough.
- **1990**: *Discourse and Society* (livro e revista), de Van Dijk.
- **1992**: *Discourse and Social Change*, de Fairclough.
- **2001**: *Discurso e mudança social*, de Fairclough. (Tradução de M. I. Magalhães e que expandiu a ADC no Brasil)
- **2001**: *Reflexões sobre análise crítica do discurso*, de Magalhães.
- **2004**: Revista *Linguagem em (Dis)curso* (Edição especial sobre ADC).
- **2005**: Revista *D.E.L.T.A* (Edição especial sobre ADC, organizada por Izabel Magalhães e Kanavillil Rajagopalan).
- **2004**: I Simpósio Internacional de Análise do Discurso Crítica, realizado na UnB.
- **2006**: *Análise de discurso crítica*, de Resende e Ramalho.
- **2009**: *Análise de discurso crítica e realismo crítico*, de Resende.
- **2008**: *Análise crítica do discurso: do linguístico ao social no gênero midiático*, de Pedrosa.
- **2018**: *Análise de discurso crítica para linguistas e não linguistas*, de Batista Jr., Sato e Melo.

É preciso explicitar que o quadro anterior traz alguns marcos da ADC nas universidades brasileiras, mas está muito longe de ser exaustivo e representar em sua totalidade a presença dessa área em nosso país. Uma série de dissertações de mestrado, teses de doutorado e iniciações científicas para graduação vem sendo elaborada com base na ADC. Notadamente, essas pesquisas ganham força no Brasil em virtude da relação dessa área com os estudos sobre identidades. O livro inaugural do Van Dijk que tematiza o racismo deu margem para que uma diversidade de temas sociais, tais como pesquisas sobre mulheres, indígenas, organizações sindicais, população LGBTQI+*, tornassem-se possíveis e visíveis no campo dos estudos da linguagem.

Por seu caráter transdisciplinar, muitas dessas pesquisas dialogam com outros campos dos estudos da linguagem. Além da própria AD de forma geral, uma das áreas que no Brasil está sempre muito envolvida com a ADC é a pragmática, principalmente em sua vertente austiniana, por meio da noção de performatividade e das pesquisas que Kanavillil Rajagopalan (Unicamp) desenvolve e orienta, as quais têm forte teor crítico, ético, comprometidas com as diversas faces das desigualdades sociais.

No campo do discurso, algumas pesquisas entendem que é preciso tensionar as relações entre sociedade e linguagem, já que, por meio da linguagem, podemos ao mesmo tempo emancipar

---

* Sobre a sigla LGBTQI+, sugerimos a leitura do texto: GOLD, M. Sigla LGBTQ+ cresce para ecoar amplidão do espectro de gênero e sexo. Folha de S. Paulo, 27 jun. 2018. Disponível em: <https://www1.folha.uol.com.br/mundo/2018/06/sigla-lgbtq-cresce-para-ecoar-amplidao-do-espectro-de-genero-e-sexo.shtml>. Acesso em: 24 jul. 2020.

ou excluir os sujeitos, suas culturas, suas línguas, seus corpos. A ADC vem com uma proposta de complexificar a ideia de que os sujeitos são assujeitados às formações discursivas e sociais, conforme vimos nos capítulos anteriores. É essa perspectiva que promove o encontro da ADC com a pragmática e permite uma série de pesquisas que vão trabalhar na chave de como as palavras agem; por isso, os discursos não apenas reproduzem a sociedade, mas também têm a potencialidade de apontar as desigualdades sociais causadas por questões hegemônicas de manutenção de poder de uns em detrimento de outros. Logo, o discurso não apenas aponta; pela noção de sujeito que tem agência, o discurso também pode mudar a si e ao outro, promovendo mudanças profundas e necessárias em nossa sociedade.

seispontoquatro
ADC e direitos humanos

A criação da Organização das Nações Unidas (ONU) em 1945 trouxe à tona a discussão sobre a necessidade de construção de um instrumento normativo internacional que buscasse garantir a proteção dos direitos inerentes a qualquer ser humano, independentemente de seu país de origem. Foi assim que, em 1948, foi criada a *Declaração Universal dos Direitos Humanos*.

> A primeira característica [da concepção contemporânea] diz respeito aos direitos dirigidos universalmente para todas as pessoas, bastando a condição de ser humano para ser titular destes direitos. No entanto, no contexto atual, ainda há uma parcela significativa da população mundial que [não tem] seus direitos respeitados. Dessa forma, é imperativo reforçar uma questão anterior, apresentada por Arendt (2000), que se refere primeiramente ao "direito a ter direitos", ou seja, a imensa maioria da população mundial desconhece o conteúdo dos Direitos Humanos como um conjunto de direitos conquistados historicamente que lhe assiste, ou não possui mecanismos de acesso ou de reivindicação destes direitos. (Rosato, 2011, p. 20-21)

Ressaltamos, aqui, que os diretos humanos têm um caráter de indissociabilidade, uma vez que não basta que se respeitem apenas direitos civis e políticos, mas também os direitos sociais, econômicos e culturais.

Cabe destacar que um dos grandes momentos de ebulição da luta pelos direitos humanos no Brasil como bandeira de luta política tomou corpo na década de 1970, com a luta pelo reestabelecimento, em especial, dos direitos políticos e civis cerceados pela ditadura militar, que se iniciou com o golpe militar em 1964 e perdurou até 1985.

Em busca da construção de uma consciência sobre direitos humanos no Brasil, foram publicadas, em 2012, as *Diretrizes nacionais para a educação em direitos humanos* (DNEDH). A visão expressa no documento normativo pode ser resumida como:

> Os Direitos Humanos são frutos da luta pelo reconhecimento, realização e universalização da dignidade humana. Histórica e socialmente construídos, dizem respeito a um processo em constante elaboração, ampliando o reconhecimento de direitos face às transformações ocorridas nos diferentes contextos sociais, históricos e políticos. (Brasil, 2012, p. 1-2)

Ter no país uma diretriz normativa implica mudança na visão de mundo, das relações, das inter-relações, na forma de fazer educação, pois essa orientação prevê uma educação que "se comprometa com a superação do racismo, sexismo, homofobia e outras formas de discriminação correlatas e que promova a cultura da paz e se posicione contra toda e qualquer forma de violência" (Brasil, 2012, p. 3). Ainda segundo o documento,

> A Educação em Direitos Humanos envolve também valores e práticas considerados como campos de atuação que dão sentido e materialidade aos conhecimentos e informações. Para o estabelecimento de uma cultura dos Direitos Humanos, é necessário que os sujeitos os signifiquem, construam-nos como valores e atuem na sua defesa e promoção.
>
> A Educação em Direitos Humanos tem por escopo principal uma formação **ética**, **crítica** e **política**. A primeira se refere à formação de atitudes orientadas por valores humanizadores, como a dignidade da pessoa, a liberdade, a igualdade, a justiça, a paz, a reciprocidade entre povos e culturas, servindo de parâmetro ético-político para a reflexão dos modos de ser e agir individual, coletivo e institucional.

A formação crítica diz respeito ao exercício de juízos reflexivos sobre as relações entre os contextos sociais, culturais, econômicos e políticos, promovendo práticas institucionais coerentes com os Direitos Humanos. (Brasil, 2012, p. 8, grifo do original)

Uma vez explicitados os pressupostos e os objetivos da educação em direitos humanos, como podemos pensar a relação entre essa temática e a ACD? Vejamos alguns exemplos para a discussão.

Cássia Maria Rosato e Raimundo Cândido de Gouveia publicaram, em 2017, um estudo chamado "Uma análise discursiva da abordagem nacional dos direitos humanos na imprensa escrita brasileira". O artigo é derivado da dissertação de Cássia Maria Rosato, defendida em 2011*. No texto, os autores apresentam como os "Direitos Humanos foram difundidos pela imprensa escrita brasileira, através da análise de editoriais do jornal Folha de São Paulo nos anos de 1987 e 1997" (Rosato; Gouveia, 2017, p. 104).

A pesquisa, na área da psicologia, utilizou, entre outras referências teóricas, a ACD para analisar como o jornal *Folha de S. Paulo*, em seus editoriais**, tratava temáticas relativas aos direitos humanos. Os apontamentos indicavam a existência de uma diferença no modo como os direitos humanos são compreendidos nos contextos nacionais e internacionais. Os principais resultados da análise dos editoriais podem ser vistos no quadro a seguir.

---

* A referência completa da dissertação de Cássia Maria Rosato consta nas referências bibliográficas e na sugestão de leitura deste capítulo.

** O editorial costuma ser visto como um texto de opinião, assinado ou não por um(a) autor(a), que reflete a opinião do jornal ou revista, revelando o que o veículo pensa.

Quadro 6.2 – Principais resultados da análise de editoriais do jornal *Folha de São Paulo*

Tema: direitos humanos	
Matérias nacionais	**Matérias internacionais**
Segurança pública	Direitos civis
Criminalidade	Direitos políticos
Questão prisional (década de 1980)	
Polícia e violação de direitos (década de 1990)	

FONTE: Elaborado com base em Rosato; Gouveia, 2017.

Para os autores,

Isso revela distintas formas de difundir os Direitos Humanos, já que a cobertura internacional dos Direitos Humanos feita pela Folha, em 1987, teve como pano de fundo uma visão ampliada de direitos civis e políticos, de legislações e, sobretudo, de legitimidade. Situação completamente discrepante do enfoque nacional sobre Direitos Humanos, que priorizou uma noção restrita de direitos, quase que exclusivamente ligados à criminalidade e à violência. (Rosato; Gouveia, 2017, p. 117)

Outro exemplo que podemos apresentar é a pesquisa realizada por Elisangela Dias Barbosa, em 2010, intitulada *A questão indígena Raposa/Serra do Sol na mídia escrita: do estereótipo ao racismo*. Na pesquisa de mestrado, a autora trata da questão indígena Raposa/Serra do Sol na mídia escrita do Estado de Roraima. O objetivo era "investigar como os povos indígenas da Raposa/Serra do Sol foram representados nas matérias jornalísticas, veiculadas no jornal Folha de Boa Vista" (Barbosa, 2010, p. VII). O motivo principal da escolha das matérias* foi o fato acontecido no dia 5 de maio de 2008, na Fazenda Depósito, localizada na reserva indígena Raposa/Serra do Sol, que estava em litígio. O fato foi escolhido em virtude do modo como a notícia foi construída pelo jornal em questão, caracterizando a ocorrência como disputa entre indígenas e funcionários da fazenda, e não como disputa pela terra dos povos indígenas, alvo de processo judicial (Barbosa, 2010).

A autora selecionou suas referências teóricas dos ECDs. Nas palavras de Barbosa (2010, p. VIII), "por meio do pensamento de Teun A. Van Dijk, servimo-nos também da abordagem crítica e filosófica de Walter Lippmann e dos parâmetros metodológicos discursivos em contexto midiático de Patrick Charaudeau". A análise evidenciou os seguintes pontos:

---

* No estudo de Elisangela Dias Barbosa, foram selecionadas para análise quatro matérias jornalísticas relacionadas ao fato, todas do mesmo jornal.

a) a mídia, como elite simbólica, em seu discurso noticioso, tende a excluir as minorias;

b) o tratamento dado pelo jornal Folha de Boa Vista, nas matérias jornalísticas analisadas, é desfavorável para com os indígenas e tende a alimentar o estereótipo do indígena rebelde e a reproduzir o racismo na sociedade roraimense;

c) a Folha de Boa Vista, ao se posicionar favoravelmente aos não indígenas, revela o seu despreparo para a abordagem de assuntos interétnicos em um contexto como o da Amazônia. (Barbosa, 2010, p. VIII)

Notem que até aqui destacamos duas pesquisas elaboradas com base em discursos jornalísticos. Seria mera coincidência? Não se trata de uma coincidência. Atentemo-nos para a citação seguinte:

A aquisição de conhecimento e a formação de opiniões sobre a maior parte dos eventos do mundo parecem basear-se largamente no discurso jornalístico presente na imprensa e na televisão. Compartilhado diariamente por milhões de pessoas. Provavelmente, nenhum outro tipo de discurso é tão penetrante e tão compartilhado e lido por tantas pessoas de maneira mais ou menos simultânea. Seu poder potencial, então, é enorme e uma observação minuciosa dos esquemas, assuntos e estilo das matérias jornalísticas é, portanto, crucial para compreendermos o exercício do poder político, econômico, social e cultural, além da comunicação e da aquisição de ideologias que lhe dá apoio. (Van Dijk, 2008b, p. 77)

Uma leitura dos dois trabalhos citados anteriormente nos levará a ver como os esquemas, assuntos e estilos das matérias jornalísticas servem para compreender as ideologias que dão suporte a um tipo de discurso que se quer imparcial e neutro sem o ser, obviamente. As notícias nos dão a ver uma representação do mundo por meio da linguagem. Por se tratar de representação, pode ser lida como uma construção, e não como um reflexo dos fatos, isento de valor.

Outra pesquisa embasada nos gêneros do domínio discursivo jornalístico, de textos que circulam na imprensa, é a de André Ricardo Nunes Martins (2007), publicada no artigo "Racismo e imprensa: argumentação no discurso sobre as cotas para negros nas universidades". O texto fundamenta-se nos resultados e nas considerações de uma pesquisa mais ampla* finalizada em 2004, cujo objetivo principal era

> *examinar o discurso da imprensa sobre a política de cotas, destacando como, por meio da argumentação, a medida é desqualificada, o racismo que atinge os negros é silenciado e a representação dos negros no discurso é subvalorizada. [...] No trabalho, analisamos 352 textos, de gêneros discursivos variados, dos jornais Folha de S. Paulo, Jornal do Brasil e A Tarde no período que vai de 1º de janeiro de 2002 a 31 de dezembro de 2003.* (Martins, 2007, p. 180)

---

* Trata-se da tese de doutorado de André Ricardo Nunes Martins, desenvolvida no Programa de Pós-Graduação em Linguística, na Universidade de Brasília, em 2004, com o título: *A polêmica construída: racismo e discurso da imprensa sobre a política de cotas para negros.*

Para o autor, "a imprensa tem participação considerável nesse processo de debate público sobre as cotas. Ao tempo em que tomam posição contrária à política de cotas, os jornais propiciam um espaço de discussão, veiculando reportagens, entrevistas, artigos, colunas e cartas aos(às) editores(as)" (Martins, 2007, p. 179).

Partindo de textos presentes nos veículos de imprensa selecionados, Martins (2007, p. 189) utilizou referencial teórico da ADC para "identificar e analisar um tipo específico de racismo, o discursivo". Algumas considerações do autor dão conta de que foram encontrados, em diferentes gêneros discursivos, "enunciados que mesmo procedentes de atores sociais diferentes, de posições de sujeito e de contextos distintos constroem, no entanto, uma mesma cadeia de sentidos interligados, reforçando, assim, uma determinada perspectiva ideológica, seja contrária ou favorável às cotas" (Martins, 2007, p. 189).

Em outro artigo sobre a mesma pesquisa, o autor destaca os itens que foram avaliados segundo a proposta teórica e metodológica adotada e as considerações construídas com base na seleção de alguns aspectos para análise:

> *Analisamos léxico, títulos, uso da negação, modalidade, argumentação e figuras de linguagem, especificamente metáfora e ironia. A pesquisa mostra como o foco do debate é desviado do problema do racismo para o sistema de ensino no país; como os negros são mostrados em posição de subalternidade no processo social e como a imprensa assume posição conservadora nesse debate.* (Martins, 2012, p. 390)

Com os exemplos apresentados e tantos outros que podemos elencar, é importante perceber como pesquisadoras e pesquisadores têm colocado o referencial da ADC a serviço da discussão de questões importantes que dizem respeito aos direitos humanos, à dignidade das pessoas, à desconstrução de discursos racistas, sexistas, LGBTfóbicos, entre outras bandeiras de lutas em que o discurso tem um papel fundamental.

Síntese

Iniciamos este capítulo com a retomada das principais abordagens dos estudos do discurso. Desse campo, que se vem configurando desde a década de 1970, podemos dizer que há duas grandes ramificações: a análise do discurso (AD) e a análise crítica do discurso (ACD). A primeira, AD, é vista como uma perspectiva que adota como ponto central as condições de produção e recepção textual e os efeitos de sentido; trata da língua em processo histórico. A segunda, ACD, entende a língua sob uma perspectiva sócio-histórica, propondo um método para descrever, interpretar e explicar a linguagem em contextos que não excluam tensões e conflitos existentes nos campos social e cultural.

Evidenciamos alguns autores e algumas autoras que estão ligados ao nascimento do campo da AD no Brasil, como Eni Orlandi e Beth Brait. Com base no estudo de Teixeira (2014), retomamos um teórico que foi trabalhado no Capítulo 4: Bakhtin. A autora salienta que, embora Bakhtin não tenha organizado ou criado uma teoria de análise do discurso, seus postulados e suas ideias desencadearam uma perspectiva teórico-analítica dialógica que dá sustento a pesquisas na área da linguagem e das ciências humanas, chamada de *análise dialógica do discurso* (ADD).

Destacamos, ainda, outra linha de teoria do discurso, baseada no francês Patrick Charaudeau, a qual alguns designam como *análise semiolinguística do discurso*. Com base nos estudos de Teixeira (2014), mencionamos que a publicação, em 1987, no Brasil, do livro *Novas tendências em análise do discurso*, de Dominique Maingueneau, foi um dos marcos da AD nas pesquisas brasileiras.

Na sequência, apresentamos, de forma mais detalhada, a ADC, campo da AD em sua vertente crítica. Constatamos que, diferentemente da tradição francesa, a ADC dialoga com uma perspectiva de tradição inglesa, representada por Fairclough, e holandesa, representada por Van Dijk, dois dos autores fundantes da área. Essa mudança impacta a visão de AD porque apresenta como base epistemológica a teoria social crítica e como seus desdobramentos incidem sobre o discurso. Para a ADC, o discurso é fundamentalmente uma prática. Por isso, afeta e é afetado pelas questões macrossociais em uma perspectiva dialética na qual existe uma reflexividade que vai do texto aos contextos sociais mais amplos. Isso proporciona uma transdisciplinaridade inerente ao fazer teórico e metodológico da ADC.

Ética, engajamento político e comprometimento com causas sociais são posturas que esperamos de analistas de discurso que se alinham a essa perspectiva crítica. Isso não significa que apenas esses pesquisadores tenham essas características, mas que, por manejar conceitos como hegemonia e ideologia e se preocupar com questões que geram desigualdades sociais, são mais propensos a não dissociar pesquisa de política. Dessa forma, acreditam que as desigualdades de gênero, raça, classe, entre outras, são reproduzidas no discurso e que este tem a potencialidade de promover mudanças ao apontar e questionar essas problemáticas sociais.

Finalizamos o capítulo com a abordagem das relações entre a ADC e os direitos humanos por entendermos que esse campo levanta questões fundamentais para o discurso, e vice-versa. Fizemos breve explanação sobre os objetivos da educação em direitos humanos no Brasil, retomando os objetivos das *Diretrizes nacionais para a educação em direitos humanos*, e, para exemplificar, elencamos algumas pesquisas com referencial teórico da ADC que trataram de questões relativas à temática.

Atividades de autoavaliação

1. Os estudos do discurso podem ser divididos em duas principais linhas. São elas:
a. semiótica e linguística textual.
b. linguística textual e semiótica textual.
c. análise do discurso e linguística textual.
d. análise do discurso e análise crítica do discurso.
e. análise crítica do discurso e semiótica.

2. Analise as afirmações a seguir e indique V para as verdadeiras e F para as falsas.
( ) A ADC não apresenta diferenças epistemológicas em relação à AD.
( ) É possível considerar a ADC como fruto da teoria social crítica.
( ) A ADC tem base francesa no que se refere aos seus autores principais.

( ) As diferenças de tradução de *critical discourse analysis* não impactam as bases fundacionais da área.
( ) A ADC tem uma perspectiva dialética de pensar o discurso.

Agora, assinale a opção que apresenta a sequência correta:
a. F, V, F, V, V.
b. V, V, F, F, V.
c. F, F, F, F, V.
d. V, V, V, V, F.
e. V, F, V, F, V.

3. Analise as afirmações a seguir e indique V para as verdadeiras e F para as falsas.
( ) Teun van Dijk é um autor da AD sem viés crítico.
( ) Nos anos de 1980, Fairclough inaugurou, de forma explícita, o termo *critical discourse analysis*.
( ) O livro *Discurso e mudança social* foi traduzido em 2001 por Maria Izabel Magalhães.
( ) A Universidade de Brasília é uma das principais universidades a divulgar a ADC no Brasil.
( ) Teun van Dijk tem sido um dos principais teóricos utilizados para os estudos sobre discurso e relações raciais.

Agora, assinale a alternativa que apresenta a sequência correta:
a. V, V, F, F, V.
b. V, F, V, V, V.
c. V, F, F, F, V.
d. F, V, V, V, V.
e. F, F, V, V, V.

4. Hegemonia, ideologia e prática social são conceitos advindos de qual área que se relaciona com a ADC?
a. Linguística textual.
b. Análise do discurso.
c. Teoria social crítica.
d. Antropologia.
e. Sociolinguística.

5. Quanto à visão de discurso para a ADC, **não** é possível afirmar que:
a. é uma prática social.
b. estabelece uma relação dialética com o contexto macrossocial.
c. apenas reflete e reproduz as desigualdades sociais.
d. tem o potencial de transformação social.
e. precisa da materialidade linguística do texto.

Atividades de aprendizagem

Questões para reflexão

1. O discurso se relaciona com questões de poder e de desigualdades sociais. E é quase impossível dissociá-los. Relacione os conceitos de discurso, poder e desigualdades sociais.

2. Após fazer a relação teórica da Questão 1, observe, em seu ambiente de trabalho ou educacional, como as relações se tornam mais ou menos assimétricas quando entrecruzamos esses conceitos. Descreva ao menos duas situações referentes, por exemplo, às relações: professor/aluno, chefe/empregado, criança/adulto, heterossexual/LGBTQI etc. Na descrição, indique como os conceitos de discurso e poder se interligam e produzem desigualdades.

Atividade aplicada: prática

1. Examine a figura a seguir.

FIGURA 6.3 – PUBLICAÇÕES DE LIVROS NO *SITE* DA ALED

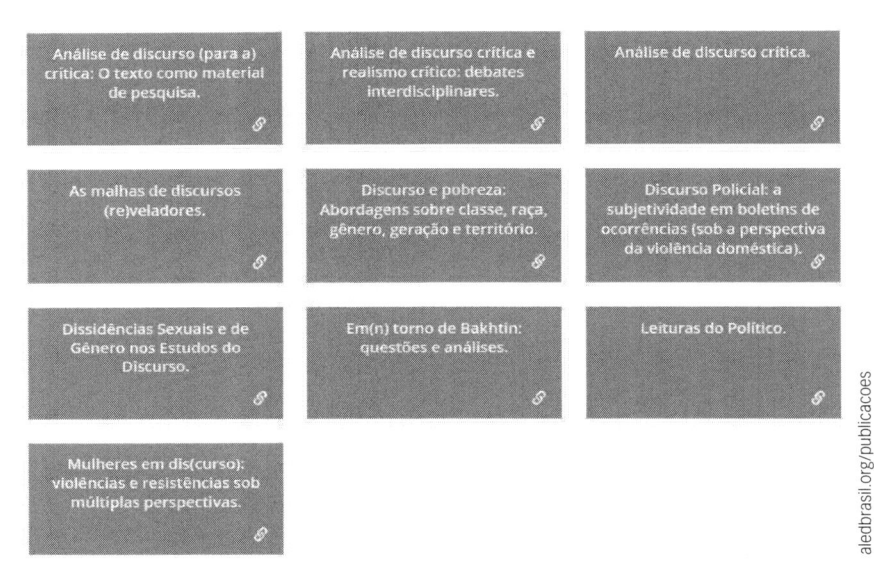

- Análise de discurso (para a) crítica: O texto como material de pesquisa.
- Análise de discurso crítica e realismo crítico: debates interdisciplinares.
- Análise de discurso crítica.
- As malhas de discursos (re)veladores.
- Discurso e pobreza: Abordagens sobre classe, raça, gênero, geração e território.
- Discurso Policial: a subjetividade em boletins de ocorrências (sob a perspectiva da violência doméstica).
- Dissidências Sexuais e de Gênero nos Estudos do Discurso.
- Em(n) torno de Bakhtin: questões e análises.
- Leituras do Político.
- Mulheres em dis(curso): violências e resistências sob múltiplas perspectivas.

aledbrasil.org/publicacoes

FONTE: Aled, 2020.

A página da Figura 6.3 é do *site* da Associação Latino-Americana de Discurso (Aled).

Como é possível notar, algumas temáticas que abordamos neste livro constituem publicações importantes na Aled. Que tal navegar pelo *site* e explorar não apenas as publicações, mas todo o conteúdo para perceber como funciona uma rede de pesquisas? Quem sabe você se anima e apresenta um trabalho no evento oficial da associação! Ele acontece em toda a América Latina, inclusive no Brasil.

Algumas questões podem guiar sua leitura e análise. Vejamos:

- Quantos editoriais se referem a fatos nacionais e quantos a fatos internacionais?
- Há algum que trata de direitos básicos da população mais vulnerável socialmente?
- Há algum que aborde questões ambientais?
- Há algum que trate de questões ligadas à dignidade humana?
- Há algum que aborde questões relacionadas à educação?
- Há algum que trate de direitos (ou perda de) das populações negra, indígena e LGBT e de crianças e adolescentes?
- Qual o papel da imprensa nas relações de poder? De que forma isso se expressa no discurso dos editoriais considerando seu papel no jornal?

Agora, elabore um texto expositivo e argumentativo que apresente suas principais considerações sobre a forma como a temática relativa aos direitos humanos aparece em editoriais de jornais em 2019. Utilize os exemplos a seguir ou busque outros em diferentes jornais para construir seus argumentos e referenciá-los. Além dos pressupostos teóricos da ADC, pense no contexto social e político da elaboração dos referidos editoriais. Por fim, compare a forma como os resultados dialogam ou não com o texto sugerido para leitura na Seção "Indicações culturais" deste capítulo.

Alguns títulos de editoriais do jornal on-line *Folha de São Paulo* publicados em 2019

FOLHA DE SÃO PAULO. Atraso insalubre. 16 out. 2019. Disponível em: <https://www1.folha.uol.com.br/opiniao/2019/10/atraso-insalubre.shtml>. Acesso em: 24 jul. 2020.

FOLHA DE SÃO PAULO. Escola inclusiva. 16 out. 2019. Disponível em: <https://www1.folha.uol.com.br/opiniao/2019/10/escola-inclusiva.shtml>. Acesso em: 24 jul. 2020.

FOLHA DE SÃO PAULO. Linha de fogo. 14 out. 2019. Disponível em: <https://www1.folha.uol.com.br/opiniao/2019/10/linha-de-fogo.shtml>. Acesso em: 24 jul. 2020.

FOLHA DE SÃO PAULO. Óleo nas praias. 12 out. 2019. Disponível em: <https://www1.folha.uol.com.br/opiniao/2019/10/oleo-nas-praias.shtml>. Acesso em: 24 jul. 2020.

FOLHA DE SÃO PAULO. Peça imprópria. 12 out. 2019. Disponível em: <https://www1.folha.uol.com.br/opiniao/2019/10/peca-impropria.shtml>. Acesso em: 24 jul. 2020.

FOLHA DE SÃO PAULO. Verossímil em demasia. 15 out. 2019. Disponível em: <https://www1.folha.uol.com.br/opiniao/2019/10/verossimil-em-demasia.shtml>. Acesso em: 24 jul. 2020.

Indicações culturais

MARTINS, A. R. N. Racismo no debate da imprensa sobre a política de cotas para negros. **Discurso & Sociedad**, v. 6, n. 2, p. 389-417, 2012. Disponível em: <http://www.dissoc.org/ediciones/v06n02/DS6%282%29Nunes.pdf>. Acesso em: 24 jul. 2020.

Nesse artigo, temos uma discussão que se relaciona aos marcos iniciais da ADC. Como vimos, Van Dijk, um dos principais expoentes desse campo do discurso, inaugura suas pesquisas discutindo discurso, poder e racismo. O texto relaciona esses conceitos e observa como a imprensa é um veículo reprodutor de discursos racistas em nossa sociedade. Além da importância do tema, é um ótimo exemplo de como aplicar a ADC em pesquisas da área.

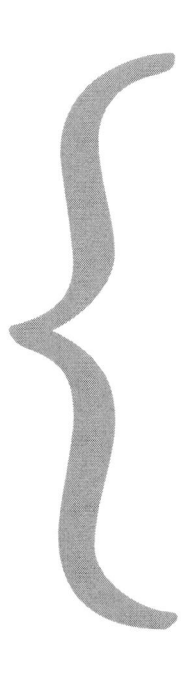

{

considerações finais

❡ ESTE LIVRO FOI elaborado na intenção de apresentar algumas visões sobre o campo de estudos da análise do discurso (AD). Alguns recortes foram escolhidos, como em qualquer obra, a fim de fornecer elementos para que as leitoras e os leitores pudessem conhecer um panorama do campo, os principais estudiosos deste e as contribuições centrais de cada um para o estabelecimento da AD. Portanto, passamos por aspectos da AD que se têm mostrado pungentes desde seu marco teórico mais reconhecível, a partir dos anos de 1970.

Discutimos como essa área se constituiu na relação com outras, tais como história, psicanálise, teoria social crítica, linguística textual e o próprio campo mais geral da linguística, as quais incidiram para que esse campo do discurso surgisse, se concretizasse e, agora, possa continuar a se expandir.

No Brasil, essa área do curso de Letras tem-se tornado um dos campos mais frutíferos para formar pesquisadores e pesquisadoras. São muitas as possibilidades de estudos que têm como principal aparato teórico o campo discursivo. Em razão também de seu caráter inter e transdisciplinar, é um campo que não podemos afirmar que se trata apenas dos cursos de Letras/Linguística. É muito recorrentemente utilizado pela filosofia, pela antropologia, pela história, pelo jornalismo, entre outras áreas que elegem o discurso como *locus* privilegiado para poder visibilizar, deslocar, ser deslocado, promover mudanças sociais, uma vez que a linguagem forja nossa forma de estar no mundo. Por isso mesmo, a AD, assim como a própria palavra *discurso*, carrega muitas possibilidades e vieses de ser entendida.

Neste livro, nossa preocupação foi evidenciar algumas dessas possibilidades de entender a AD e como ela se projeta no Brasil. Dessa forma, destacamos como a AD nasceu em meio a outras áreas, em uma efervescência social, linguística e cultural de mudanças.

Na sequência, abordamos a questão da subjetividade e das ideologias como forma de mostrar que, para cada campo que nasce, uma perspectiva ideológica e de sujeito nasce junto. Texto e discurso são dois campos do curso de Letras que, diríamos, têm ampla projeção para além dele. Nesse sentido, não poderíamos deixar de trabalhar os gêneros discursivos, que se vêm constituindo como uma das áreas mais frutíferas da AD. Não há dúvidas de que isso ocorre em virtude de suas correlações com o campo das licenciaturas e da educação.

Por fim, apresentamos a AD no campo da pesquisa, evidenciando sua vertente crítica, com o propósito de salientar como a AD se presta a e empresta muitas possibilidades de atuação no campo do curso de Letras.

Sem dúvidas, podemos concluir afirmando que a AD, em suas variadas vertentes e atuação, é um dos campos de possibilidade profissional mais vibrantes da área de letras. Exige do profissional que não apenas lide com questões mais superficiais dos textos cotidianos, mas que desenvolva uma visão social e cultural ampla para cotejar os textos em seus contextos, não deixando de perceber tensões, conflitos e possibilidades críticas de se estar no mundo como leitores e leitoras que somos.

{

referências

ALED – Associação Latino-americana de Estudos do Discurso. Publicações. Disponível em: <http://aledbrasil.org/publicacoes/>. Acesso em: 24 jul. 2020.

BAKHTIN, M. Os gêneros do discurso. São Paulo: Editora 34, 2016.

BAKHTIN, M. Marxismo e filosofia da linguagem: problemas fundamentais do método sociológico na ciência da linguagem. Tradução de Michel Lahud e Yara F. Vieira. 8. ed. São Paulo: Hucitec, 1997.

BARBOSA, E. D. A questão indígena Raposa/Serra do Sol na mídia escrita: do estereótipo ao racismo. 152 f. Dissertação (Mestrado em Língua Portuguesa) – Pontifícia Universidade Católica de São Paulo, São Paulo, 2010. Disponível em: <https://tede2.pucsp.br/bitstream/handle/14168/1/Elisangela%20Dias%20Barbosa.pdf>. Acesso em: 24 jul. 2020.

BATISTA JR., J. R. L.; SATO, D. T. B.; MELO, I. F. de (Org.). Análise de discurso crítica para linguistas e não linguistas. São Paulo: Parábola, 2018.

BENTES, A. C. Linguística textual. In: MUSSALIM, F.; BENTES, A. C. Introdução à linguística: domínios e fronteiras. São Paulo: Cortez, 2001. p. 245-287.

BENVENISTE, E. Problemas de linguística geral II. Campinas: Pontes, 1989.

BENVENISTE, E. Problemas de linguística geral. São Paulo: Edusp, 1976. v. 8.

BERTICELLI, I. A.; SCHIAVINI, D. P. Significados da pragmática linguística na formação de leitores. Educação & Realidade, Porto Alegre, v. 38, n. 2, p. 571-586, abr./jun. 2013. Disponível em: <https://www.scielo.br/pdf/edreal/v38n2/v38n2a13.pdf>. Acesso em: 24 jul. 2020.

BEZERRA, P. Posfácio. In: BAKHTIN, M. Os gêneros do discurso. São Paulo: Editora 34, 2016. p. 151-170.

BHATIA, V. K. Analysing Genre: Language Use in Professional Settings. New York: Longman, 1993.

BRAIT, B. (Org.). Bakhtin: outros conceitos-chave. São Paulo: Contexto, 2008.

BRANDÃO, H. H. N. Introdução à análise do discurso. 7. ed. Campinas: Ed. da Unicamp, 2002.

BRASIL. Ministério da Educação. Conselho Nacional de Educação. Base nacional comum curricular. Brasília, 2017. Disponível em: <http://basenacionalcomum.mec.gov.br/images/BNCC_EI_EF_110518_versaofinal_site.pdf>. Acesso em: 24 jul. 2020.

BRASIL. Ministério da Educação. Conselho Nacional de Educação. Parecer n. 8, de 6 de março de 2012. Diretrizes Nacionais para a Educação em Direitos Humanos. Relatora: Rita Gomes do Nascimento. Diário Oficial da União, Brasília, DF, 30 maio 2012. Disponível em: <http://portal.mec.gov.br/index.php?option=com_docman&view=download&alias=10389-

pcp008-12-pdf&category_slug=marco-2012-pdf&Itemid=30192>. Acesso em: 24 jul. 2020.

BRASIL. Ministério da Educação. Secretaria de Educação Básica. Conhecimento de língua portuguesa. In: BRASIL. Ministério da Educação. Secretaria de Educação Básica. **Orientações curriculares para o ensino médio**: linguagens, códigos e suas tecnologias. Brasília, 2006. v. 1. p. 17-46. Disponível em: <http://portal.mec.gov.br/seb/arquivos/pdf/book_volume_01_internet.pdf>. Acesso em: 24 jul. 2020.

BRASIL. Secretaria de Educação Fundamental. **Parâmetros curriculares nacionais**: terceiro e quarto ciclos do ensino fundamental – língua portuguesa. Brasília: MEC/SEF, 1998. Disponível em: <http://portal.mec.gov.br/seb/arquivos/pdf/portugues.pdf>. Acesso em: 24 jul. 2020.

BRONCKART, J-P. **Atividade de linguagem, textos e discursos**: por um interacionismo sócio-discursivo. Tradução de Anna Rachel Machado e Péricles Cunha. São Paulo: Educ, 1999.

CARVALHO, F. Z. F. de. **O sujeito no discurso**: Pêcheux e Lacan. 265 f. Tese (Doutorado em Linguística) – Universidade Federal de Minas Gerais, Belo Horizonte, 2008. Disponível em: <https://repositorio.ufmg.br/bitstream/1843/ARCO-7F2RJQ/1/frederico_zeymerfcarvalho_tese.pdf>. Acesso em: 24 jul. 2020.

CERTEAU, M. de. **A invenção do cotidiano**. Petrópolis: Vozes, 2002. v. 1: Artes de fazer.

CHOULIARAKI, L.; FAIRCLOUGH, N. **Discourse in Late Modernity**: Rethinking Critical Discourse in Analysis. Edinburgh: Edinburgh University Press, 1999.

COSTA, S. R. **Dicionário de gêneros textuais**. 3. ed. Belo Horizonte: Autêntica, 2018.

COSTA-HÜBES, T. da C. A construção do objeto de ensino no curso de Letras: os gêneros discursivos em cena. Letras, Santa Maria, v. 22, n. 44, p. 107-132, jan./jun. 2012. Disponível em: <https://periodicos.ufsm.br/letras/article/view/12193/7587>. Acesso em: 3 jul. 2020.

COUTO, L. P. Poderão os gêneros discursivos invadir nossas aulas? Vantagens dessa perspectiva para os processos de ensino-aprendizagem. In: COUTO, L. P. Didática da língua espanhola no ensino médio. São Paulo: Cortez, 2016. p. 65-80. (Coleção Docência em Formação: Ensino Médio, n. 1).

EAGLETON, T. Ideologia: uma introdução. Tradução de Silvana Vieira e Luís Carlos Borges. São Paulo: Ed. da Unesp; Boitempo, 1997.

FAIRCLOUGH, N. Analysing Discourse: Textual Analysis for Social Research. London: Routledge, 2006.

FAIRCLOUGH, N. Critical and Descriptive Goals in Discourse Analysis. Journal of Pragmatics, v. 9, n. 6, p. 739-763, 1985.

FAIRCLOUGH, N. Discurso e mudança social. Brasília: Ed. da UnB, 2001.

FAIRCLOUGH, N. El análisis crítico del discurso como método para la investigación en ciencias sociales. In: WODAK, R.; MEYER, M. (Ed.). Métodos de análisis crítico del discurso. Barcelona: Gedisa, 2003. p. 179-203.

FAIRCLOUGH, N. Language and Power. New York: Longman, 1989.

FELICÍSSIMO, M. Análise do discurso e leitura: o sujeito, o texto e o sentido. Memento, Três Corações, v. 1, n. 2, p. 36-43, jul./ago. 2009. Disponível em: <http://periodicos.unincor.br/index.php/memento/article/view/46/45>. Acesso em: 24 jul. 2020.

FERREIRA, N. S. de A. Ainda uma leitura dos Parâmetros Curriculares Nacionais de Língua Portuguesa. Revista Ibep, São Paulo, jul. 2001.

Disponível em: <https://www.fe.unicamp.br/alle/textos/NSAF-AindaumaLeituradosPCNdeLinguaPort.pdf>. Acesso em: 24 jul. 2020.

FRANCELIN, M. M. Fichamento como método de documentação e estudo. In: SILVA, J. F. M. da; PALETTA, F. C. (Org.). **Tópicos para o ensino de biblioteconomia**. São Paulo: ECA/USP, 2016. p. 121-139.

FREITAS, H. C. L. de. A reforma do ensino superior no campo da formação dos profissionais da educação básica: as políticas educacionais e o movimento dos educadores. **Educação & Sociedade**, Campinas, v. 20, n. 68, p. 17-44. dez. 1999. Disponível em: <https://www.scielo.br/pdf/es/v20n68/a02v2068.pdf>. Acesso em: 24 jul. 2020.

GADET, F. Prefácio. In: GADET, F.; HAK, T. (Org.). **Por uma análise automática do discurso**: uma introdução à obra de Michel Pêcheux. 4. ed. Campinas: Ed. da Unicamp, 2010. p. 7-10.

GASPARINI, E. N. Análise do discurso e leitura. **Revista Raído**, Dourados, v. 9, n. 19, p. 11-21, 2015. Disponível em: <http://ojs.ufgd.edu.br/index.php/Raido/article/view/4657/2432>. Acesso em: 24 jul. 2020.

GERALDI, J. W. (Org.). **O texto na sala de aula**. 3. ed. São Paulo: Ática, 2002.

GOMES-SANTOS, S. N. **A questão do gênero no Brasil**: teorização acadêmico-científica e normatização oficial. 251 f. Tese (Doutorado) – Universidade Estadual de Campinas, Instituto de Estudos da Linguagem, Campinas, 2004. Disponível em: <http://repositorio.unicamp.br/jspui/bitstream/REPOSIP/270790/1/Gomes-Santos_SandovalNonato_D.pdf>. Acesso em: 24 jul. 2020.

GONÇALVES-SEGUNDO, P. R. **Um roteiro para conhecer os estudos críticos do discurso**. 2017. Disponível em: <https://fflch.usp.br/sites/fflch.usp.br/files/2017-11/Estudos%20Criticos%20do%20Discurso.pdf>. Acesso em: 24 jul. 2020.

GREGOLIN, M. do R. V. A análise do discurso: conceitos e aplicações. Alfa, São Paulo, v. 39, p. 13-21, 1995. Disponível em: <https://periodicos.fclar.unesp.br/alfa/article/view/3967/3642>. Acesso em: 24 jul. 2020.

HALLIDAY, M. A. K. Language as Social Semiotic: The Social Interpretation of Language and Meaning. London: Edward Arnold, 1978.

HALLIDAY, M. A. K.; HASAN, R. Language, Context and Text: Aspects of Language in a Social-Semiotic Perspective. Oxford: Oxford University Press, 1989.

HARVEY, D. Justice, Nature and the Geography of Difference. Oxford: Blackwell 1996.

KOCH, I. G. V. Desvendando os segredos do texto. São Paulo: Cortez, 2002.

KOCH, I. G. V. Introdução. In: KOCH, I. G. V. Introdução à linguística textual: trajetória e grandes temas. 2. ed. São Paulo: Contexto, 2015. p. 11-15.

KOCH, I. G. V. O texto e a construção dos sentidos. 10. ed. São Paulo: Contexto, 1998.

KRESS, G. Considerações de caráter cultural na descrição linguística: para uma teoria social da linguagem. In: PEDRO, E. R. (Org.). Análise crítica do discurso. Lisboa: Caminho, 1998. p. 47-76.

MAGALHÃES, C. M. (Org.). Reflexões sobre análise crítica do discurso. Belo Horizonte: Ed. da UFMG, 2001.

MAGALHÃES, I. Discursos e identidades de gênero na alfabetização de jovens e adultos e no ensino especial. Calidoscópio, v. 6, n. 2, p. 61-68, maio/ago. 2008. Disponível em: <http://revistas.unisinos.br/index.php/calidoscopio/article/view/5247/2501>. Acesso em: 24 jul. 2020.

MAGALHÃES, I. Introdução: a análise de discurso crítica. D.E.L.T.A., São Paulo. v. 21, p. 3-9, fev./ago. 2005. Disponível em: <https://revistas.pucsp.br/delta/article/view/37759/25531>. Acesso em: 24 jul. 2020.

MAGALHÃES, I. Teoria crítica do discurso e texto. Linguagem em (Dis)curso, v. 4, p. 113-131, 2004. Disponível em: <http://www.portaldeperiodicos.unisul.br/index.php/Linguagem_Discurso/article/view/293/307>. Acesso em: 24 jul. 2020.

MAGALHÃES, I. Textos e práticas socioculturais: discursos, letramentos e identidades. Linha d'Água, São Paulo, n. 24, v. 2, p. 217-233, 2011. Disponível em: <http://www.revistas.usp.br/linhadagua/article/view/37356/40076>. Acesso em: 24 jul. 2020.

MAINGUENEAU, D. Novas tendências em análise do discurso. 3. ed. Tradução de Freda Indursky. Campinas: Pontes; Ed. da Unicamp, 1987.

MAINGUENEAU, D. Novas tendências em análise do discurso. Campinas: Pontes, 1997.

MAINGUENEAU, D. Conceitos de análise do discurso. In: MAINGUENEAU, D. Cenas da enunciação. São Paulo: Parábola, 2008. p. 37-93.

MARCONDES, D. Aspectos pragmáticos da negação. O que nos faz pensar, Rio de Janeiro, v. 17, n. 23, p. 17-29, jun. 2008. Disponível em: <http://oquenosfazpensar.fil.puc-rio.br/import/pdf_articles/OQNFP_23_03_danilo_marcondes.pdf>. Acesso em: 24 jul. 2020.

MARCUSCHI, L. A. Gêneros textuais emergentes no contexto da tecnologia digital. In: REUNIÃO DO GRUPO DE ESTUDOS LINGUÍSTICOS DO ESTADO DE SÃO PAULO, 50., 2002, São Paulo.

MARCUSCHI, L. A. Gêneros textuais no ensino de língua. In: MARCUSCHI, L. A. Produção textual, análise de gêneros e compreensão. São Paulo: Parábola, 2008. p. 146-225.

MARCUSCHI, L. A. Por uma proposta de classificação dos gêneros textuais. In: REUNIÃO DO GRUPO DE ESTUDOS LINGUÍSTICOS DO ESTADO DE SÃO PAULO, 49., 2001, Marília.

MARCUSCHI, L. A. Quando a referência é uma inferência. In: REUNIÃO DO GRUPO DE ESTUDOS LINGUÍSTICOS DO ESTADO DE SÃO PAULO, 48., 2000, Assis.

MARCUSCHI, L. A. Referenciação, conhecimento partilhado e atividade inferencial no processo de negociação na interação verbal face a face. In: REUNIÃO DO GRUPO DE ESTUDOS LINGUÍSTICOS DO ESTADO DE SÃO PAULO, 45., 1997, Campinas.

MARIANI, B. Linguagem, conhecimento e tecnologia: a enciclopédia audiovisual da análise do discurso e áreas afins. Linguagem & Ensino, Pelotas, v. 21. p. 359- 93, 2018. Disponível em: <https://periodicos.ufpel.edu.br/ojs2/index.php/rle/article/view/15185/9363>. Acesso em: 24 jul. 2020.

MARTINS, A. R. N. Racismo e imprensa: argumentação no discurso sobre as cotas para negros nas universidades. In: SANTOS, S. A. dos. (Org.). Ações afirmativas e combate ao racismo nas Américas. Brasília: MEC, 2007. (Coleção Educação para Todos). p. 179-208. Disponível em: <http://pronacampo.mec.gov.br/images/pdf/bib_volume5_acoes_afirmativas_e_combate_ao_racismo_nas_americas.pdf>. Acesso em: 24 jul. 2020.

MARTINS, A. R. N. Racismo no debate da imprensa sobre a política de cotas para negros. Discurso & Sociedad, v. 6, n. 2, p. 389-417, 2012. Disponível em: <http://www.dissoc.org/ediciones/v06n02/DS6%282%29Nunes.pdf>. Acesso em: 24 jul. 2020.

MARTINS, N. S. Introdução à estilística: a expressividade da língua portuguesa. São Paulo: T. A. Queiroz, 1989.

MELO, I. F. de. Análise do discurso e análise crítica do discurso: desdobramentos e intersecções. Revista Eletrônica de Divulgação Científica em Língua Portuguesa, Linguística e Literatura, ano 5, n. 11, 2009. Disponível em: <http://www2.eca.usp.br/Ciencias.Linguagem/Melo_ADeACD.pdf>. Acesso em: 24 jul. 2020.

MILLER, C. R. Genre as Social Action. In: FREEDMAN, A.; MEDWAY, P. (Ed.). **Genre and the New Rhetoric**. London: Taylor & Francis, 1984. p. 23-42.

MILLER, C. R. Rhetorical Community: The Cultural Basis of Genre. In: FREEDMAN, A.; MEDWAY, P. (Ed.). **Genre and the New Rhetoric**. London: Taylor & Francis, 1994. p. 67-78.

MUNIZ, K. da S. **Piadas**: conceituação, constituição e práticas – um estudo de um gênero. 159 f. Dissertação (Mestrado em Linguística) – Universidade Estadual de Campinas, Campinas, 2004. Disponível em: <http://repositorio.unicamp.br/bitstream/REPOSIP/270788/1/Muniz_Kassandra_M.pdf>. Acesso em: 24 jul. 2020.

ORLANDI, E. P. **A leitura e os leitores**. Campinas: Pontes, 1998.

ORLANDI, E. P. **Análise de discurso**: princípios e procedimentos. 4. ed. Campinas: Pontes, 2002.

ORLANDI, E. P. **Discurso e leitura**. 9. ed. São Paulo: Cortez, 2012.

ORLANDI, E. P. **Volatilidade da interpretação**: política, imaginário e fantasia. 2020. Palestra proferida no canal da Associação Brasileira de Linguística (Abralin). Disponível em: <https://youtu.be/MjCsJxfiXtg>. Acesso em: 24 jul. 2020.

OTTONI, M. A. R. **Os gêneros do humor no ensino de língua portuguesa**: uma abordagem discursiva crítica. 399 f. Tese (Doutorado em Linguística) – Universidade de Brasília, Brasília, 2007. Disponível em: <http://repositorio.unb.br/bitstream/10482/1999/1/Tese_Maria%20Aparecida%20Resende.pdf>. Acesso em: 24 jul. 2020.

PAULA, L. de. Círculo de Bakhtin: uma análise dialógica do discurso. **Estudos da Linguagem**, Belo Horizonte. v. 21, n. 1, p. 239-258, jan./jun. 2013. Disponível em: <http://www.periodicos.letras.ufmg.br/index.php/relin/article/view/5099/4555>. Acesso em: 24 jul. 2020.

PÊCHEUX, M. A análise de discurso: três épocas. In: GADET, F.; HAK, T. (Org.). **Por uma análise automática do discurso.** 4. ed. Campinas: Ed. da Unicamp, 2010. p. 307-315.

PEDROSA, C. E. F. **Gênero textual 'frase': marcas do editor nos processos de retextualização e (re)contextualização.** 185 f. Tese (Doutorado em Linguística) – Universidade Federal de Pernambuco, Recife, 2005. Disponível em: <https://repositorio.ufpe.br/bitstream/123456789/7726/1/arquivo8426_1.pdf>. Acesso em: 24 jul. 2020.

PEREIRA, I. M. **Debate público e opinião da imprensa sobre a política de cotas raciais na universidade pública brasileira.** 238 f. Tese (Doutorado em Comunicação e Informação) – Universidade Federal do Rio Grande do Sul, Porto Alegre, 2011. Disponível em: <https://www.lume.ufrgs.br/handle/10183/49272>. Acesso em: 24 jul. 2020.

POSSENTI, S. A imposição da leitura pelo texto: casos de humor. **Cadernos de Estudos Linguísticos**, n. 15, p. 111-116, jul./dez. 1988. Disponível em: <https://periodicos.sbu.unicamp.br/ojs/index.php/cel/article/download/8636765/4486>. Acesso em: 24 jul. 2020.

RAMALHO, V. Uma leitura crítica da interdiscursividade: o caso da publicidade de medicamento. **Cadernos de Letras da UFF**, Rio de Janeiro, n. 40, p. 117-130, 2010. Disponível em: <http://www.cadernosdeletras.uff.br/joomla/images/stories/edicoes/40/artigo5.pdf>. Acesso em: 24 jul. 2020.

RESENDE, V. de M.; RAMALHO, V. **Análise de discurso crítica.** São Paulo: Contexto, 2009.

RESENDE, V. de M.; RAMALHO, V. Análise de discurso crítica, do modelo tridimensional à articulação entre práticas: implicações teórico-metodológicas. **Linguagem em (Dis)curso**, Tubarão, v. 5, n. 1, p. 185-207, jul./dez. 2004. Disponível em: <http://www.portaldeperiodicos.unisul.

br/index.php/Linguagem_Discurso/article/view/307/323>. Acesso em: 14 jul. 2020.

ROJO, R. H. R. A concepção de leitor e produtor de textos nos PCNs: "Ler é melhor do que estudar". In: FREITAS, M. T. A.; COSTA, S. R. (Org.). **Leitura e escrita na formação de professores**. São Paulo: Musa; Ed. da UFJF; Inep/Comped, 2002. p. 31-52.

ROJO, R. H. R. **VIII SIGET - Simpósio Internacional de Estudos de Gêneros Textuais**: diálogos no estudo de gêneros textuais/discursivos – uma escola brasileira? 2015. Relatório científico. Disponível em: <http://anpoll.org.br/gt/generos-textuais-discursivos/wp-content/uploads/sites/15/2013/03/VIII-SIGET_Relato%CC%81rio-Cienti%CC%81fico.pdf>. Acesso em: 5 jun. 2020.

ROJO, R. H. R.; BARBOSA, J. P. **Hipermodernidade, multiletramentos e gêneros discursivos**. São Paulo: Parábola, 2015.

ROSATO, C. M. Psicologia e direitos humanos: cursos e percursos comuns. **Psicologia**, São Paulo, v. 20, n. 1, p. 11-27, 2011. Disponível em: <https://revistas.pucsp.br/psicorevista/article/download/6790/4913>. Acesso em: 24 jul. 2020.

ROSATO, C. M.; GOUVEIA, R. C. de. Uma análise discursiva da abordagem nacional dos direitos humanos na imprensa escrita brasileira. **Arquivos Brasileiros de Psicologia**, Rio de Janeiro, v. 69, n. 2, p. 104-120, 2017. Disponível em: <http://pepsic.bvsalud.org/pdf/arbp/v69n2/08.pdf>. Acesso em: 24 jul. 2020.

SALES, M. M. **À flor da pele**: uma análise crítica de discursos empresariais sobre diversidade racial no trabalho. 258 f. Tese (Doutorado em Educação) – Universidade Federal de Minas Gerais, Belo Horizonte, 2012. Disponível em: <https://repositorio.ufmg.br/bitstream/1843/BUOS-8SKQYV/1/tese_vers_o__final.pdf>. Acesso em: 24 jul. 2020.

SANTANA, E.; DUTRA, M. de F. M. A trajetória da pragmática nos estudos da linguagem. **Conhecimento em Destaque**, Serra, v. 3, n. 2, fev./jun. 2014. Disponível em: <http://ead.soufabra.com.br/revista/index.php/cedfabra/article/view/78/70>. Acesso em: 24 jul. 2020.

SILVA, M. A. S. M. e. Sobre a análise do discurso. **Revista de Psicologia da Unesp**, v. 4, n. 5, p. 16-40, 2005.

STAFUZZA, G.; PAULA, L. de. (Org.). **Círculo de Bakhtin**: diálogos (in)possíveis. Campinas: Mercado das Letras, 2010. v. 2.

SWALES, J. M. **Genre Analysis**: English in Academic and Research Settings. New York: Cambridge University Press, 1990.

SWALES, J. M. Re-Thinking Genre: Another Look at Discourse Community Effects Communication. In: RE-THINKING GENRE COLLOQUIUM, 1992, Ottawa.

TEIXEIRA, M. E. de G. M. **Sentidos do percurso da análise de discurso no Brasil na voz de pesquisadores da área**. 239 f. Tese (Doutorado em Linguística) – Universidade Estadual de Campinas, Campinas, 2014. Disponível em: <http://taurus.unicamp.br/bitstream/REPOSIP/270862/1/MachadoTeixeira_MariaEunicedeGodoy_D.pdf>. Acesso em: 24 jul. 2020.

VAN DIJK, T. A. Análisis del discurso del racismo. **Crítica y Emancipación**, v. 3, p. 65-94, 2010.

VAN DIJK, T. A. **Discourse and Context**: A Socio-Cognitive Approach. Cambridge: Cambridge University Press, 2008a.

VAN DIJK, T. A. Discourse, Context and Cognition. **Discourse Studies**, v. 8, n. 1, p. 159-177, 2006. Disponível em: <http://www.discourses.org/OldArticles/Discourse%20context%20and%20cognition.pdf>. Acesso em: 24 jul. 2020.

VAN DIJK, T. A. **Discurso e poder**. São Paulo: Contexto, 2008b.

VAN DIJK, T. A. Discurso y racismo. In: GOLDBERG, D.; SOLOMONS, J. (Ed.). The Blackwell Companion to Racial and Ethnic Studies. Oxford: Blackwell, 2001. p. 191-205.

VAN DIJK, T. A. Introdução. In: VAN DIJK, T. A. (Org.). Racismo e discurso na América Latina. São Paulo: Contexto, 2008c. p. 11-24.

VAN DIJK, T. A.; HOFFNAGEL, J.; FALCONE, K. (Org.). Discurso e poder. São Paulo: Contexto, 2010.

VIEIRA, J. A.; MACEDO, D. S. Conceitos-chaves em análise de discurso crítica. In: BATISTA JR., J. R. L.; SATO, D. T. B.; MELO, I. F. (Org.). Análise de discurso crítica para linguistas e não linguistas. São Paulo: Parábola, 2018. p.49-77.

VOESE, I. Análise do discurso: uma proposta. In: VOESE, I. Análise do discurso e o ensino de língua portuguesa. São Paulo: Cortez, 2004. p. 105-131. (Coleção Aprender e Ensinar Textos, v. 13).

VOLÓCHINOV, V. Os caminhos da filosofia da linguagem marxista. In: VOLÓCHINOV, V. Marxismo e filosofia da linguagem: problemas fundamentais do método sociológico na ciência da linguagem. São Paulo: Editora 34, 2017. p. 143-248.

WODAK, R. De qué trata el análisis crítico del discurso. Resumen de su historia, sus conceptos fundamentales y sus desarrollos. In: WODAK, R.; MEYER, M. (Org.). Métodos de análisis crítico del discurso. Barcelona: Gedisa, 2003. p. 17-34.

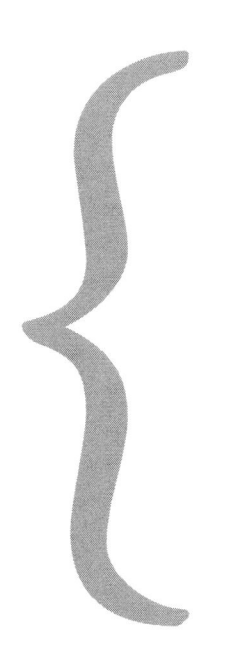

{

bibliografia comentada

BAKHTIN, M. Os gêneros do discurso. In: BAKHTIN, M. **Os gêneros do discurso**. São Paulo: Editora 34, 2016. p. 11-70.

A tradução desse texto de Bakhtin, de uma forma complexa e filosófica, discute "o problema da definição" dos gêneros do discurso. A respeito do livro, este, assim como diversas outras obras de Mikhail Bakhtin, foi organizado e traduzido para o português por Paulo Bezerra. Essa edição brasileira, a qual foi publicada em 2016, reúne quatro textos do filósofo e pensador russo. Após a nota do organizador do volume, os dois primeiros textos de Bakhtin contidos no livro, "Os gêneros do discurso" e "O texto na linguística, na filologia e em outras ciências humanas", foram inicialmente publicados em 1997, 1979 e 2003 (esta última obra é a versão brasileira de Estética da criação verbal, que também foi traduzida por Paulo Bezerra). No segundo momento do livro encontram--se os anexos dos dois textos de Bakhtin que são inéditos no Brasil: "Diálogo I e *"Diálogo II", escritos pelo filósofo russo entre 1950 e 1952; nessa parte do livro, há também o posfácio e as informações sobre o autor dos textos, o próprio Bakhtin, e sobre o tradutor brasileiro Paulo Bezerra.*

BENVENISTE, E. **Problemas de linguística geral**. São Paulo: Edusp, 1976. v. 8.

Primeiro volume da obra de Émile Benveniste, no qual são apresentados seus estudos (a primeira parte), este foi traduzido para o português por Maria da Glória Novak e Luiza Neri, e publicado no Brasil em 1976. No livro, os problemas são descritos como um conjunto de contribuições, cada um em particular, para o grande problema da linguagem, que são temas concernentes a: relações entre biológico e cultural; sociabilidade e subjetividade; signo e objeto; símbolo e pensamento. São por essas características do PLG que a linguista Françoise Gadet, em Por uma análise automática do discurso, *considera Benveniste como o linguista da subjetividade. A leitura do referido livro é complexa, porque este é intenso e explora com profundidade os mecanismos da linguagem com base nos pontos de vista da linguística e da gramática.*

BENVENISTE, E. O aparelho formal da enunciação. In: BENVENISTE, E. **Problemas de linguística geral II**. Campinas: Pontes, 1989. p. 81-91.

Esse capítulo do volume II da obra de Émile Benveniste está situado na segunda parte do livro, "A comunicação". Nesse trecho, Benveniste esclarece detalhadamente como funciona a enunciação; encontramos mais diretamente a explicação da teoria da enunciação. Essa segunda versão brasileira de Problemas de linguística geral foi traduzida pelo professor da Unicamp Eduardo Guimarães junto com uma equipe de tradutores e publicada no Brasil em 1989. O mencionado volume tem oito capítulos a menos e é mais curto do que o primeiro volume.

A estrutura dele também está subdividida conforme os temas das seis partes do PLG I, porém há outros capítulos bem diferentes dos da primeira versão.

GADET, F. Prefácio. In: GADET, F.; HAK, T. (Org.). **Por uma análise automática do discurso.** 4. ed. Campinas: Ed. da Unicamp, 2010. p. 7-10.

Françoise Gadet, uma das organizadoras deste material, comenta brevemente no prefácio sobre as origens da análise do discurso, a difusão da AD como campo de pesquisa pelo mundo, quais são os conceitos básicos que a norteiam e, ainda, os trabalhos de pesquisadores desta que constituem cada capítulo da obra. Esse livro é composto por vários textos que foram escritos em diferentes anos e por autores que são verdadeiros ícones na AD, como Michel Pêcheux, Paul Henry, a própria Gadet e outros teóricos. Cada um desses capítulos foi traduzido do francês para o português por Bethania Marini em colaboração com outros intérpretes.

MAINGUENEAU, D. Conceitos de análise do discurso. In: MAINGUE-NEAU, D. **Cenas da enunciação.** São Paulo: Parábola, 2008. p. 37-93.

É o primeiro tópico da segunda parte do livro de Dominique Maingueneau, "Os discursos constituintes". Nesse trecho, o autor especifica quais são os tipos de discursos que servem de base para nossa sociedade moderna; discute sobre discursos religioso, científico e filosófico, a questão da heterogeneidade discursiva etc. Esse livro foi organizado por Sírio Possenti e Maria Cecília Pérez de Souza-e-Silva e traduzido para o português com o auxílio de vários intérpretes. Cada um destes traduziu um tópico de cada unidade distribuída entre as três partes do referido livro, as quais abordam questões gerais sobre a AD, seus conceitos e os trabalhos com corpora.

MARCUSCHI, L. A. Produção textual, análise de gêneros e compreensão. São Paulo: Parábola, 2008a.

Na primeira parte do livro, Marcuschi discute sobre uma nova perspectiva para o ensino de línguas, a qual seria baseada na produção textual. No capítulo "Processos de produção textual", por exemplo, por uma cosmovisão mais direcionada à linguística textual, o autor apresenta reflexões a respeito da noção de língua, texto, textualidade e processos de textualização, sujeito e subjetividade, texto e linguística de texto, a relação entre texto, discurso e gênero, bem como entre outros tópicos também muito importantes e que delineiam a orientação teórica do autor. A respeito da estrutura do livro, após a introdução geral, há três partes além das preliminares, nas quais Marcuschi retrata o processo de produção textual, a teoria dos gêneros textuais aplicada ao ensino da língua e como ocorre o processo de compreensão dos sujeitos.

O tema da segunda parte desse livro são os gêneros textuais com ênfase no ensino de línguas. O saudoso professor Marcuschi inicia esse momento do livro abordando a questão da historicidade dos estudos sobre os gêneros discursivos desde a Antiguidade com a filosofia da cultura grega. Em seguida, o autor apresenta a definição de gêneros textuais; aborda o papel social que estes desempenham; aspectos interculturais; como os gêneros discursivos são contemplados pelos documentos oficiais no Brasil e apresenta metodologias de ensino, como as sequências didáticas, para se trabalhar, na prática, os gêneros do discurso no ensino de línguas.

ORLANDI, E. P. **Análise de discurso:** princípios e procedimentos. 4. ed. Campinas: Pontes, 2002.

O referido livro de Eni Orlandi é voltado para pessoas interessadas no estudo do funcionamento da linguagem, dos fundamentos da análise do discurso. A obra apresenta reflexões sobre as relações significativas entre pessoas, natureza e sociedade na história, e principalmente defende a tese de que o discurso é um lugar de produção de sentidos, de processos de identificação dos sujeitos e como isso pode colaborar para a interpretação da relação entre o ser humano e sua realidade.

ORLANDI, E. P. **Discurso e leitura.** 9. ed. São Paulo: Cortez, 2012.

Neste livro, o raciocínio de Eni Orlandi torna-se uma importante referência para se desenvolver uma reflexão crítica sobre a leitura como objeto de estudo da teoria da análise do discurso. Desse modo, a autora destaca como a AD explica a relação sujeito, texto e produção de sentidos. Orlandi busca pensar eixos de metodologias, perspectivas discursivas para trabalhar o aspecto da leitura no ensino de línguas e como desenvolver o item da interpretação. Por essa razão, a referida obra está subdividida em três momentos: a "Apresentação", na qual Eni Orlandi aborda a polissemia da noção de leitura; a primeira parte, "Método/História", na qual delineia uma proposta metodológica para desenvolver a leitura com ênfase na alusão à história; e por fim, no último momento do livro, "Sujeito/Sentido", Orlandi reflete sobre como o sujeito desenvolve as habilidades discursivas de leitura, interpretação e produção.

PÊCHEUX, M. A análise de discurso: três épocas. In: GADET, F.; HAK, T. (Org.). **Por uma análise automática do discurso**. 4. ed. Campinas: Ed. da Unicamp, 2010. p. 307-315.

Esse texto foi escrito por Michel Pêcheux em 1983 e descreve de forma resumida as três fases iniciais e decisivas para a institucionalização do campo da AD. O texto foi traduzido para o português com todos os demais capítulos publicados no livro Por uma análise automática do discurso, uma coletânea de textos de vários pesquisadores renomados da AD.

VOLÓCHINOV, V. Os caminhos da filosofia da linguagem marxista. In: VOLÓCHINOV, V. **Marxismo e filosofia da linguagem**: problemas fundamentais do método sociológico na ciência da linguagem. São Paulo: Editora 34, 2017. p. 143-248.

Na segunda parte desse livro, Valentin Volóchinov discute quatro tópicos fundamentais para a filosofia da linguagem marxista: (1) os dois tipos de tendências do pensamento filosófico-linguístico, (2) os conceitos de língua/linguagem e enunciado, (3) a questão da interação discursiva e (4) a temática da significação da língua. Quanto ao livro, essa é a 13ª edição; suas notas e tradução foram organizadas por Sheila Grillo e Ekaterina Vólkova Américo. Além disso, subdivide-se em três momentos, desenvolvidos logo após o ensaio introdutório de Sheila Grillo. Neles, Volóchinov discute sobre a importância dos problemas da filosofia da linguagem para o marxismo e como a filosofia da linguagem desenvolveu-se; aborda ainda a teoria do enunciado, os problemas de sintaxe (aqui o autor estabelece diálogos com a obra de Benveniste) e algumas questões sobre construções discursivas.

respostas

um

Atividades de autoavaliação

1. b
2. e
3. a
4. d
5. c

Atividades de aprendizagem

Questões para reflexão

1. A resposta à pergunta é subjetiva, mas é importante perceber que o tempo todo, inconscientemente, utilizamos e aplicamos ações e estratégias que envolvem AD em nossa filosofia de vida para resolver todos os tipos de situações que surgem no nosso dia a dia, desde as complexas até as mais corriqueiras. Quando precisamos dizer algo a alguém, referimo-nos a um aspecto da filosofia na linguagem, porque nos comunicamos por

intermédio de discursos. Sempre foi assim, desde que o homem começou a conviver em comunidades, em família etc. Muito antes de a linguística surgir, e também posteriormente a AD emergir como teoria e campo de estudos, o ser humano promoveu ações que interessam e equivalem a AD, como: comunicação, desenvolvimento da escrita, leitura de textos e de mundo, análise e interpretação de textos e situações que ocorrem ao nosso redor, julgamento da moralidade, raciocínio lógico com nexos de ação e resultados, reflexão sobre nossos pensamentos e articulação da linguagem. Enfim, corresponde ao processo da nossa ação humana na sociedade. Portanto, filosoficamente, todas as pessoas comuns que pensam e agem sobre o mundo, nós mesmos, o tempo todo, posicionam-se como analistas de discursos e sempre colocam isso em prática.

2. Conforme o que estudamos no Capítulo 1 sobre o campo da enunciação e a obra de Émile Benveniste, por que, hoje, a enunciação pode ser considerada um eixo teórico da AD? Em razão da teorização dos conceitos de enunciado e enunciação, que foram trazidos primeiramente pelo campo da enunciação; atualmente tais elementos são fundamentais para os estudos situados na AD. Se não houver o exato momento no qual os discursos são produzidos, não há enunciados (o enunciado é produto da enunciação), logo, os enunciados são portadores dos discursos, e essa reflexão é elementar para a AD. Tanto é que nos dias de hoje, como a AD ao longo dos anos foi conquistando mais espaço e ganhando força nas academias, a enunciação tem muitas questões teóricas em comum com a AD. Nesse sentido, o campo da enunciação, por sua identificação com a AD, é considerado por alguns estudiosos como mais um eixo teórico da AD.

dois

Atividades de autoavaliação

1. c

2. d

3. a

4. e

5. b

Atividades de aprendizagem

Questões para reflexão

1. Primeiramente, é importante identificar que uma das características da linguística sobre a noção de sujeito manifestada na AD é o fato de também tomar o elemento língua/linguagem como objeto de estudo. No entanto, para a AD, as noções de sujeito, sentido, interpretação e propagação de discursos transcendem ao modelo estrutural de funcionamento da linguagem proposto por Ferdinand Saussure, o qual foi exposto com base em Eni Orlandi no começo do Capítulo 1.

Com relação à influência do marxismo sobre o modo de pensar o sujeito discursivo na AD, há a reflexão a respeito da existência das ideologias propagadas por intermédio dos discursos e do fato de que o lugar de onde o sujeito fala forma parte do que ele diz.

Quanto à psicanálise, podemos dizer que o campo trouxe para a AD o paradigma dos três elementos: inconsciente, sujeito e realidade, ou seja, nós expressamos pela linguagem aquilo que está guardado em nossos subconscientes, quando produzimos discursos e refletimos ideologias.

2. A pergunta é de caráter subjetivo. Por meio do exercício de reflexão sobre nosso cotidiano e os fatos que acontecem ao redor, observamos que o tempo todo interpretamos e atribuímos sentidos a tudo o que nos rodeia; isso é um princípio filosófico na AD. Nesse aspecto é que se encontra

a ponte, a mediação, entre sujeito, língua e história. Logo, entendemos que nossa realidade é fruto, causa e consequência de uma série de eventos que aconteceram no passado, na história. As regras sociais, as narrativas que conhecemos por intermédio dos discursos e da propagação de ideologias, foram preestabelecidas socialmente. Portanto, não há um começo absoluto nem um final para o discurso; um dizer terá sempre relação com outros dizeres que foram realizados, imaginados ou possíveis. Aí entra o papel da memória. É dessa maneira que esses fatores sempre refletem na nossa realidade.

três

Atividades de autoavaliação

1. d
2. b
3. c
4. e
5. a

Atividades de aprendizagem

Questões para reflexão

1. Apesar de os elementos texto e discurso não serem sinônimos do ponto de vista (fronteira entre a LD e a AD) que tematizamos os vínculos entre eles, torna-se praticamente impossível falar sobre texto sem mencionar discurso, e vice-versa. Para os estudos discursivos e a LT, todo texto é considerado gênero textual, que pode caracterizar vários tipos de formatos, linguagens, estilos com funções comunicativas sociais específicas. Já o discurso está presente nos textos, ou seja, o discurso trata do conteúdo que o texto apresenta, é um elemento que está relacionado aos aspectos da coesão e da

coerência textual e que também interfere no sentido atribuído ao texto. Logo, a leitura, a atribuição de sentidos, trata-se não somente da decodificação dos enunciados, das palavras que compõem um texto/gênero textual, mas também da identificação, da leitura e da interpretação dos discursos e das ideologias que os textos manifestam. Portanto, todo texto/gênero textual é portador de discursos e, para que os discursos possam ser difundidos socialmente, eles dependem dos enunciados, porque não há discurso sem um gênero textual. Para que um texto seja completo, é preciso que ele tenha coesão, coerência, discursos, sentidos, ideologias etc.

2. O conceito de língua como prática social preserva a ideia de que a língua é uma forma de ação sobre o mundo, e não um mero produto; tal ação é mediada por fatores cognitivos e sociais. A própria fala e outras articulações da linguagem, pelos "verbos" que utilizamos como formas de expressão em um sistema linguístico, literalmente, são ações capazes de modificar o mundo ao nosso redor. Por isso, podemos afirmar que a linguagem é uma atividade, um trabalho, um processo que se realiza na interação entre sujeitos, atores sociais, por intermédio de ações coletivas que ocorrem em processos sociais. A pergunta é de caráter subjetivo: Em uma análise textual, o que mais deve ser ponderado: o elemento *texto*, o elemento *discurso* ou ambos? Isso depende de diversos fatores que orientam a visão do analista sobre língua e texto, pois, no universo dos estudos linguísticos, existe uma diversidade de perspectivas, campos teóricos, maneiras peculiares de reflexões sobre a linguagem que vão moldar uma perspectiva de análise. No entanto, neste livro, sob a perspectiva linguística e discursiva, temos refletido sobre a importância de olhar tanto para o texto quanto para o discurso no contexto de uma análise linguística e textual.

quatro

Atividades de autoavaliação

1. b
2. b
3. e
4. d
5. c

Atividades de aprendizagem

Questões para reflexão

1. É importante destacar, por exemplo, que há autores que aproximam as definições. Um exemplo poderia ser a definição de texto de Marcuschi (2008) e as que estão nos documentos oficiais. No entanto, autoras como Rojo criticam tanto a definição de texto quanto a de gêneros textuais de Marcuschi. Seria interessante buscar essas definições e críticas nos textos de Rojo para estabelecer semelhanças e diferenças. Uma consulta à definição de texto da teoria da semiótica textual também pode contribuir para a reflexão.

2. A questão parece subjetiva, de ordem pessoal, mas é necessário observar que nenhum discurso é neutro e que as escolhas de ordem discursivas alteram o produto. Os recortes, as omissões, aquilo que se repete, aquilo que se enfatiza sobre um mesmo fato fazem parte do discurso produzido e mostram as intencionalidades diferentes, produzem efeitos de sentido diversos. Sobre as propagandas, a observação segue o mesmo princípio: Que imagens, que narrativas são escolhidas para vender um produto? Quando as crianças aparecem como protagonistas? E crianças negras? Mulheres idosas? Tudo isso pode fazer parte da observação. E quanto a propagandas de homenagem, que têm uma dupla função: comunicação midiática que objetiva, ao mesmo tempo, valorizar uma marca e render

tributos, homenagear uma pessoa ou grupo social? (Por exemplo, o Dia Nacional da Consciência Negra, em 20 de novembro).

cinco
Atividades de autoavaliação

1. d
2. a
3. e
4. c
5. b

Atividades de aprendizagem

Questões para reflexão

1. A proposta do ensino de línguas pautada na perspectiva discursiva visa exercitar no discente a habilidade de preservar a unidade de sentido (aí se estabelece o aspecto da polissemia) na paráfrase (as versões mais extensas e explicativas que criamos de qualquer texto). Por isso, é possível conclui que ambos os elementos, *paráfrase* e *polissemia*, balizam a maior contribuição da AD como disciplina de leitura/interpretação para o ensino de línguas, que é o objetivo de formar tanto leitores quanto autores, os quais, ao produzirem textos, por intermédio de suas leituras, sempre se concentrem no outro (o que a voz do texto ou meu locutor está tentando me dizer? Será que meu interlocutor/leitor conseguirá compreender aquilo que estou a dizer?). Durante as leituras, é importante que, de maneira equilibrada, o indivíduo aprenda a ser fiel, na interpretação, à descoberta daquilo que estiver explícito e principalmente implícito no texto, para que, assim, se atinjam os objetivos de aprendizagem aspirados pela teoria da AD.

2. Nessa questão, basicamente é preciso lembrar que os gêneros textuais são textos, os quais englobam muitos e diversificados formatos que podemos encontrar em nosso dia a dia. A metodologia de ensino proposta pela elaboração e aplicação de sequências didáticas (SDs), do começo ao fim, em todos os momentos, gira em torno da produção do gênero textual, independentemente da natureza do gênero, do formato, da função social etc., pois essa prática pedagógica proposta para o ensino de línguas é completamente fundamentada na teoria dos gêneros do discurso formulada por Mikhail Bakhtin e difundida por linguistas que, teoricamente, de alguma maneira ou outra, identificam-se com as ideias do círculo de Bakhtin. Por essa razão, a própria estrutura da SD, as etapas que a compõem, é bastante propensa à adaptação do docente ao gênero do discurso que será tratado em sala de aula, por meio das atividades aplicadas durante o processo de produção do gênero discursivo, para que, assim, sejam trabalhadas todas as competências linguísticas e discursivas importantes para o desenvolvimento cognitivo de aprendizagem da língua estudada.

seis

Atividades de autoavaliação

1. d
2. a
3. d
4. c
5. c

Atividades de aprendizagem

Questões para reflexão

1. A desigualdade social e seu atravessamento no e pelo discurso colocam em evidência questões e situações fundamentais a respeito da voz dos menos favorecidos socialmente e/ou daqueles que estão em desvantagem em uma relação de poder ou de dominação. Tudo pode ser lido desse ponto de vista, inclusive os silêncios e os silenciamentos produzidos. É importante buscar complementar a leitura com coletânea de textos e artigos de autores nacionais e internacionais, da área dos estudos do discurso e da língua(gem), que apresentem elementos essenciais para pensarmos as relações entre discurso, poder e desigualdades sociais.

2. A resposta depende da compreensão da questão anterior, para se pensar, por exemplo, como salário, folgas e faltas aparecem nos discursos de patrões e empregados, quem tem mais poder de decisão nessa relação e que desigualdades são produzidas a partir disso. É importante também pensar quem pode produzir quais discursos, como isso se coloca na relação de poder entre professores e alunos ou entre adultos e crianças. Por que alunos e alunas não produzem os instrumentos de avaliação ou por que crianças não (ou quase nunca) elaboram regras da casa ou de convivência? Por que produzimos o tempo todos discursos que ligam crianças e jovens ao futuro e nos abstemos de dizer sobre o que são no presente? Que desigualdades sociais isso produz?

{

sobre as autoras

❰ DAIANE FRANCIELE MORAIS DE QUADROS é licenciada em Letras Português/Espanhol (2014) pela Universidade Estadual de Ponta Grossa (UEPG). Mestre em Estudos da Linguagem (2017) também pela UEPG, com dissertação sobre análise de discurso a respeito de cotas raciais, sob a orientação da professora Ione da Silva Jovino. Especialista em História, Arte e Cultura (2018) pela UEPG. Atualmente, é tutora do curso de Licenciatura em Letras Português/Espanhol da mesma universidade, na modalidade a distância, pela Universidade Aberta do Brasil (UAB). Tem artigos publicados em periódicos.

❰ IONE DA SILVA JOVINO é graduada em Letras Português (1997) pela Pontifícia Universidade Católica de São Paulo (PUC-SP). Mestre (2005) e doutora (2010) em Educação – Metodologia de Ensino pela Universidade Federal de São Carlos (UFSCar).

Tem pós-doutorado em Educação (2017) também pela UFSCar. É professora do Departamento de Estudos da Linguagem e do Programa de Pós-graduação em Estudos da Linguagem da Universidade Estadual de Ponta Grossa (UEPG). Tem produção bibliográfica na área de ensino de línguas e africanidades, letramentos e africanidades, literatura infantil e africanidades, educação e relações étnico-raciais, discurso e relações raciais, todas derivadas de projetos de extensão, pesquisa e ensino sobre a temática. Organizou, em conjunto com Kassandra Muniz e Ana Lúcia Souza, o dossiê temático *Letramento de reexistência* para a *Revista da Associação Brasileira de Pesquisadores Negros* (2018). Foi colaboradora na obra *Didática da língua espanhola no ensino médio*, de Lígia Paula Couto (2018).

❰ KASSANDRA DA SILVA MUNIZ é graduada em Letras (2001) pela Universidade Federal de Pernambuco (UFPE), quando desenvolveu pesquisa de iniciação científica sob a orientação do Professor Dr. Luiz Antônio Marcuschi. Mestre em Linguística (2004) pela Universidade Estadual de Campinas (Unicamp) na área de linguística textual, sob a orientação da Professora Dra. Ingedore V. Koch. Doutora em Linguística (2009) também pela Unicamp, na área de linguística aplicada à educação e estudos culturais, sob a orientação do Professor Dr. Kanavillil Rajagopalan. Tem pós-doutorado em Linguística Aplicada à Educação (2018) pela Universidade de Brasília (UnB). Tem experiência profissional e pesquisa desenvolvida nas áreas de linguagem e educação, atuando principalmente nos seguintes temas: pragmática e estudos culturais, filosofia da linguagem, humor, formação de professores, educação das relações étnico-raciais, linguística aplicada/linguagem e identidades, literaturas africanas e afro-brasileiras, manifestações afro-culturais na América Latina e políticas linguísticas. Atualmente, é professora adjunta do Departamento de Letras da Universidade Federal de Ouro Preto (Ufop). Coordena o grupo de trabalho Práticas Identitárias em Linguística Aplicada da Associação Nacional de Pós-Graduação em Linguística e Literatura (Anpoll) e é líder do Grupo de Estudos sobre Linguagens, Culturas e Identidades (Gelci). Tem várias publicações em periódicos e organizou recentemente os livros *Africanidades: práticas sociais e pedagógicas* e *Práticas pedagógicas na promoção da igualdade racial* (2017).

Impressão:

Agosto/2020